ORAISON FUNÈBRE

DE SA MAJESTÉ TRÈS-CHRÉTIENNE

LOUIS XVI,

ROI DE FRANCE ET DE NAVARRE,

PRONONCÉE EN LATIN,

DANS LA CHAPELLE DU QUIRINAL,

EN PRÉSENCE DE NOTRE TRÈS-SAINT PÈRE

LE PAPE PIE VI,

PAR MONSEIGNEUR LÉARDI

DE CASAL-MONTFERRAT,

CAMÉRIER SECRET DE SA SAINTETÉ;

ET TRADUITE PAR M. L'ABBÉ

D'HESMIVY D'AURIBEAU

ARCHIDIACRE, OFFICIAL ET VICAIRE-GÉNÉRAL DE DIGNE.

À ROME, MDCCXCIII.

DE L'IMPRIMERIE DES LAZARINI.

Avec l'Approbation des Supérieurs.

A MESDAMES DE FRANCE. (*)

MESDAMES,

'Eloge funebre *du* ROI *que nous pleurons, fut prononcé en Votre présence, par un Prélat dont les talens justifient le choix de l'Immortel* PIE VI.

(*) Marie-Adélaïde et Victoire-Marie, Filles de Louis XV et Tantes de Louis XVI.

a 2

Un Prêtre François ose mettre à Vos pieds la Traduction de ce discours. Puisse ce foible essai Vous transmettre les pensées si nobles et si touchantes de l'Original ! Daignez l'agréer, MESDAMES, comme un hommage de sa vénération pour Vos vertus. La France n'étoit plus digne de les contempler : et Rome s'applaudit dans ces temps désastreux, d'avoir reçu dans son sein des PRINCESSES, qui ne cessent de l'édifier par l'élèvation de leur ame au dessus des plus cruels évènemens ; par une charité sans bornes pour les infortunés pro-scrits de leur barbare Patrie ; par leur con-stante résignation aux desseins toujours ado-rables de la Providence ; et surtout par cet-te éminente piété qui fixe l'admiration et les voeux de la CAPITALE du Monde Chré-tien...

Un Ouvrage consacré à la Mémoire du FILS-AINE' DE L'EGLISE sous les yeux de son

auguste CHEF, *ne seroit-il point un adoucis-*
sement que l'on pût offrir avec quelque con-
fiance à la plus juste des douleurs?

Je suis avec le plus profond respect,

DE MESDAMES

Le très-humble et très-ob éissant Serviteur,
L'Abbé D'Hesmivy D'Auribeau
Vicaire-Général de Digne.

A' PIE-LE-GRAND.

Major est Sapientia Tua , quàm rumor quem audivi.

Reg. Saba ad Salom.

Père , Modèle , Chef et Soutien de la Loi ,
PIE étonne à jamais les Rois par Sa Grande Ame :
Que l'Univers apprenne où Son zèle s'enflamme....
Dans PIErre IL sçut puiser et Son NOM et Sa FOI.

A NOTRE TRÈS-SAINT PÉRE
LE PAPE
PIE SIX.

TRÈS-SAINT PÉRE,

Ans cet Éloge Funèbre de Sa Majesté Très-chrétien-ne, Louis-Seize Roi de France et de Na-

VARRE , j'ai eu principalement en vue de montrer que cette déplorable suite de maux éprouvés dans le cours d'un règne terminé par la mort la plus cruelle , ne prend sa source que dans sa Bienfaisance & sa Religion.

La seule énumération des évènemens, depuis le commencement des troubles de la France jusqu'à ce jour, assure à jamais cette gloire au meilleur des Princes . Au lieu donc d'avoir recours aux ressources de l'art et aux ornemens de la diction, j'ai cru devoir m'attacher à cette idée et ne suivre pour guides que les faits. D'ailleurs la trop juste piti é qu' inspire le plus infortuné des Monarques , doit règner dans tout ce discours et n'admet pas les recherches de l'art oratoire. C'est le caractère des grandes douleurs , de s' irriter par les efforts indiscrets que l'on fait pour les adoucir; et souvent il arrive qu'en peignant des malheurs sur lesquels on appelle la sensibilité publique, les mouvemens étudiés de l'Eloquence târissent des larmes qu'un simple récit eût fait couler en abondance.

Si vous daignez, Très-Saint Père, agréer avec quelque bonté l'hommage de cet essai et lui accorder Votre suffrage, j'ai la douce confiance qu'il portera mes lecteurs à s'attendrir encore davantage sur le plus malheureux des Rois. Comment en effet ne pas se rappeller Votre douleur, quand on saura que Votre Sainteté m'a permis de mettre son auguste Nom à la tête de cet ouvrage ? Eh ! Qui n'a pas connu l'extrême consternation dont Elle fut pénètrée, lorsqu'Elle reçut la nouvelle accablante de la perte d'un Souverain si cruellement mis à mort ? Peut-on douter que Votre ame n'en soit encore profondément affligée ; et qui ne seroit ému par Votre exemple, bien plus puissant que tous les ressorts de l'éloquence ? Qui pourroit contenir ses pleurs, en voyant que le Roi Très-Chrétien n'est parvenu à cette triste fin, que par son inouie Bienfaisance et sa grande Religion ? A cette vue si touchante, qui n'avoûroit que le Pontife le plus Bienfaisant et le plus Religieux, ne sauroit avoir un plus juste sujet de répandre des larmes ?

J'espère retirer un double avantage de mes efforts, Très-Saint Père : En transmettant ce Monument à la postérité, j'inviterai partout les cœurs sensibles à partager les sentimens de commisération que fait éprouver le sort d'un si grand et si malheureux Prince ; et je consacrerai à nos Neveux ce foible témoignage de ma gratitude, ou du moins cette preuve du souvenir de Vos bontés. Aux bienfaits signalés dont Vous m'avez

comblé, Vous venez d'ajouter le plus distingué de tous, en confiant à ma médio-
crité le soin de prononcer, au milieu du respectable concours de tous les Ordres et des
gémissemens de la Capitale, l'Oraison Funèbre d'un Monarque dont Votre Saintete' conservera dans tous les temps l'hono-
rable et douloureuse Mémoire.

PAUL LÉARDI.

Carlo Antonini fec.

Absit, *ut vel Rex Francorum*
Deserat unquam Romanam Ecclesiam,
vel Ecclesia Romana
desit unquam Regno Francorum.

Innocent. Papa III. Ep. 64.

A Dieu ne plaise que l'Eglise Romaine
Soit jamais abandonnée par le Roi de France,
ou que le Royaume de France
Soit jamais privé du secours de l'Eglise Romaine.

Le Pape Innocent III. Ep. 64.

TRÈS-SAINT PÈRE,

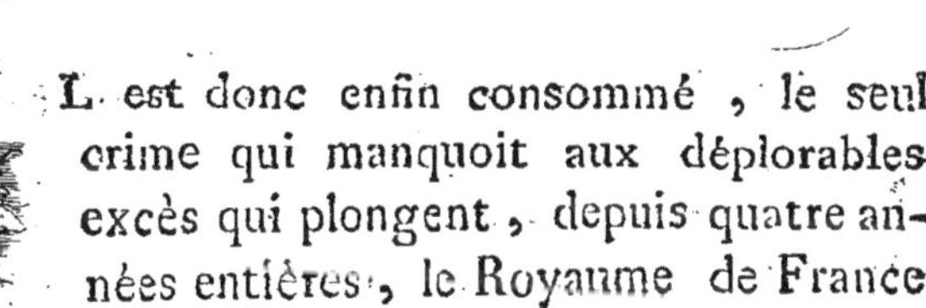

IL est donc enfin consommé , le seul crime qui manquoit aux déplorables excès qui plongent , depuis quatre années entières , le Royaume de France dans les plus cruelles calamités et le déshonorent par les forfaits les plus inouis . C'étoit peu pour ces monstres exécrables à tout le genre humain , d'avoir circonscrit l'autorité de leur ROI . C'étoit peu d'avoir représenté comme un tyran le Père de la Patrie , et provoqué la multitude armée contre le Bienfaiteur le plus chéri . C'étoit trop peu d'avoir , du plus haut faîte de la Puissance et de la majesté Royale , précipité dans une affreuse prison le plus infortuné des Princes . Pour assouvir leur rage , cette innocente victime devoit encore être traînée devant le plus injuste des tribunaux & subir le supplice le plus barbare .

O honte ! ô scélératesse qui imprime à notre Siècle une tache ineffaçable ! .... Quel exemple plus terrible de la fragile et périssable fortune des Rois , vient de donner à l' univers le trop malheureux LOUIS-SEIZE , ROI de FRANCE et de NAVARRE! A sa vue , les Nations les plus policées de l' Europe saisies d' étonnement , cherchent à soulager de vive voix ou par écrit , et partout avec le frémissement de l' indignation , une douleur si profondément gravée dans leur ame. Mais elles y trouvent d'autant moins d'adoucissement , qu'elles avoient eu de plus en plus l' espérance , de voir l'affligeante situation de LOUIS ramener ces Conjurés à quelque sentiment d' humanité. On se flattoit du moins que s'ils s'en étoient entièrement dépouillés , ils seroient encore accessibles à la crainte de s'attirer la haine des Puissances , dont les unes avoient déjà pris les armes contr'eux , et les autres se disposoient à les prendre , s'ils ne s'abstenoient pas du plus noir des forfaits ,

Ainsi pensoit le plus grand nombre , tandisque l' état du ROI étoit encore douteux et son sort incertain ; et ils n' auroient point été trompés dans leus espoir , si la barbarie et les manœuvres de quelques scélérats n'eussent prévalu sur les vœux de la Nation entière. Il s'en faut bien en effet que toute la France soit coupable d' un aussi criminel attentat. Non , ce n'est l' ouvrage que de quelques Factieux forcenés , qui après avoir juré dans leurs abominables complots , de détruire toute Religion , d'anéantir toute puissance Royale , de violer toutes les Loix divines et humaines , ont osé porter leurs mains sacriléges sur le meilleur des Souverains et les tremper dans son propre sang.

La France , la véritable France est encore composée d' une multitude d' excellens Citoyens et des plus zélés défenseurs de l'autorité de leur ROI . Les uns gémissent dans la souffrance et traînent une vie languissante et cachée , opprimés par les menaces , effrayés des meurtres que commettent chaque jour les plus furieux des hommes , dont la cruauté surpasse celle de tous les siècles . Les autres échappés au fer des assassins qui menaçoit leur tête , bannis de leur Patrie , dépouillés de tous leurs biens , n'ont plus que des pleurs à répandre sur la tombe de LOUIS immolé par ces monstres . La source de leurs larmes est intarissable , et leur douleur inconsolable et sans bornes. L'Europe entière répond à leurs plaintes , à leurs sanglots : les Villes sont plongées dans la désolation , l'affliction la plus profonde règne dans les Provinces , toutes les Cours sont consternées ; et partout où se trouvent des hommes compatissans , c'est à qui donnera des preuves plus touchantes de sensibilité : On les voit se couvrir de deuil , élever de lugubres Monumens à sa gloire , prononcer des Eloges funèbres , et rendre ainsi leurs derniers hommages au plus infortuné des Rois .

ROME le dispute à tous et les surpasse : et Vous , TRES - SAINT PERE , Vous qui étiez uni à ce Monarque par l'affection la plus tendre ! Vous qui sutes si bien apprécier sa grande Religion et les services importans qu'il rendit à la Chrétienté dont Vous êtes le digne CHEF !.... Votre douleur l'emporte encore sur celle de tous vos enfans . Parmi les honneurs que Vous rendez au souvenir d'un ROI éprouvé par tant de tribulations , pour qui Vous aviez une prédilection si particulière, Vous m'ordonnez de prononcer son Eloge en présence de VOTRE SAINTETE; et d'apporter , s'il est possible , quelque soulagement à Votre extrême tristesse. Puissé-je remplir ce double objet , en montrant que LOUIS-SEIZE fut si Bienfaisant et si Religieux , qu'il préféra la Bienfaisance à son repos , à son autorité ; et que fidèle à sa Religion , il lui fit le sacrifice de son règne et de sa vie . Quoi de plus glorieux à Sa Mémoire , de plus propre à diminuer le poids immense de Votre douleur !

LES plus éminentes vertus distinguèrent plusieurs Rois de France , et leur meritèrent les Surnoms les plus recommandables . Les monumens de l' antiquité et les annales de cette Nation nous apprennent que les uns furent appellés *Augustes*; les autres , *Sages*; on décerna même à quelques-uns le Nom de *Grand* . Ces Dénominations sont bien plus souvent l' effet de l' ambition qui les recherche , que du mérite qui les obtient . Elles viennent plutôt de la flatterie que de l'estime ; et le hazard semble avoir quelquefois plus de part que la personne , à celles qui sont le fruit des victoires . Mais lorsque l' amour de leus Sujets accorde aux Princes , un Titre de gloire pour leur bienfaisance inaltérable , la fortune n'y entre pour rien ; ni la flatterie ni l' ambition n'en diminuent le prix . Il renferme tous les hommages rendus aux autres Souverains , les Surnoms les plus magnifiques ; et appeller un Monarque BIENFAISANT , c'est lui donner tout-à-la fois les Noms de Grand , de Sage et d' Auguste . Rien ne rapproche davantage les hommes de la Divinité que la bienfaisance ; et qui plus que les Rois , possède les moyens de pratiquer cette vertu ! hâtons-nous , TRES-SAINT PERE , de voir combien cette qualité précieuse fut éminente dans LOUIS , pour en conclurre qu'il se rendit à juste titre , digne du Nom de BIENFAISANT dès les commencemens de son Règne.

Il étoit à peine âgé de vingt ans , quand il prit en main les rênes de l' Empire . Si au milieu d'une si grande puissance , il eût laissé d'abord entrevoir de la présomption ou du dédain , qui n'auroit pas eu de l'indulgence pour son âge , et n'eût point attribué ces premiers mouvemens à la légèreté plutôt qu'à l'orgueil ? Et cependant il n'est pas un seul trait dans ce jeune ROI , qui n'annonce la douceur et la modération. Quelles sont remarquables , les paroles de ces Edits dont il signala son avènement à la Couronne ! Est-il rien de plus bienfaisant, de plus humain ; disons mieux , de plus tendre et de plus paternel ? *C'est à la première fleur de Notre âge , que le Seigneur nous place sur le Trône de Nos Ancêtres . Nous espérons néammoins de sa bonté , que Notre jeunesse ne sera point un obstacle au bonheur des Peuples qui Nous sont soumis . Nous Nous chargeons des dettes contractées par Nos Prédecesseurs . Nous voulons épargner la fortune de Nos Sujets ; et pour leur donner un gage de la sincérité de Nos promesses , Nous les exemptons d' un impôt onéreux , en attendant qu'à l' avenir Nous puissions les soulager de beaucoup d' autres.* Quel fut alors le bon Citoyen qui entendît et lût sans la plus vive émotion , des paroles si pleines de bienveillance et d'amour ? Qui peut se les rappeller aujourd' hui sans répandre des larmes ?

Le peuple voit avec joye que le commerce des grains est délivré des entrâves qui le gênoient depuis si longtemps, et qu'en supprimant les monopoles , l'abondance et le bas prix vont succèder à la cherté et à la disette . Il applaudit à la bonté du ROI qui, le jour de son Sacre à Rheims, fait ouvrir les prisons, tomber les fers des coupables et prononce leur grâce . Il se rejouit d'être soulagé du tribut qu'il étoit d'usage de payer aux nouveaux Rois , sous le Nom de *Joyeux-Avènement.* Il éprouvoit encore un sentiment plus doux , quand ce Prince se mêloit au milieu de ses Sujets et se montroit avec complaisance à la multitude rassemblée autour de Lui ; quand il le voyoit par fois pénètrer sans gardes sous le chaume du pauvre, l' interroger avec bonté sur le prix des subsistances ; lui demander si ce prix n'étoit pas au dessus de ses facultés , si les secours pécuniaires qu'il lui avoit accordés , étoient parvenus à leur destination , pour mieux s' assurer par lui-même s'il ne se commettoit aucune fraude dans la répartition de ses dons . Les Cours Souveraines , de toute ancienneté chargées de veiller sur les Loix et de rendre la Justice , avoient été supprimées par son auguste Ayeul , sur la fin de son règne . Le projet de rappeller ces grands Corps eût été pénible à d' autres , et LOUIS pouvoit ne pas revenir sur une opération dont le blâme , si elle en méritoit quelqu'un , ne le concernoit pas . Ces observations furent sans doute mises sous ses yeux par ceux de ses Ministres qui montroient plus de zèle pour sa puissance ; mais le ROI rejette tous ces conseils ; et préférant à son autorité l' unique desir qui l' anime de faire le bien de tous ses Sujets , il 1établit les Parlemens dans leur premier état .

Que de traits ne pourrois-je pas rapporter ici de sa clémence : l' adoucissement des Impôts en faveur des laboureurs et des artisans , l' abolition de la Servitude , la suppression de la Question Préparatoire , la salubrité rendue aux Prisons et tant d' autres réformes de ce genre qui attesteroient son inépuisable bienfaisance , si je ne m' étois proposé de m' attacher aux circonstances où il aima mieux renoncer à une portion de sa puissance qu'à l' amour de son peuple . La plûpart de ces évènemens n'ont eu lieu que dans les temps fâcheux des troubles de la France ; et quoique saisis d'horreur à la vue des faits qui se présentent à décrire , nous allons envisager en détail tout ce que LOUIS a sacrifié pour le repos et le salut de ses Sujets , dans cet étrange renversement de la fortune Royale . Souffrez néanmoins , TRES-SAINT PERE , qu'avant de suivre le plus humain des Rois dans toutes les déplorables vicissitudes de son malheureux sort , je confonde ici l'envie de ses ennemis . Pour affoiblir des louanges si bien méritées , ils ont voulu déprécier la douceur de ses moeurs , cet heureux naturel ouvert à tous les sentimens de bonté ; comme s'il n'avoit mon-

tré tant de qualités , qu'au détriment de l'élévation de l'esprit
et du courage de l' ame . Afin de prouver que la méchanceté
ose sans fondement faire ce reproche à LOUIS , je n'aurai
recours ni aux prestiges de l' éloquence ni aux ornemens du
discours , je ne m'arrêterai ni à la recherche des matières ni
à saisir des conjectures : le simple récit des évènemens qui
se sont passés de nos jours , dissipera tous ces doutes .

Quel autre en effet que le rare et excellent esprit de
LOUIS , eût pu entreprendre et consommer des projets aussi
difficiles ? Cette ancienne splendeur de la Nation Françoise qui
l'avoit tellement illustrée dans l'Univers , qu'elle éblouissoit les
yeux des autres Nations , commençoit depuis quelques années à s'obscurcir . L'imposante supériorité de ses forces qui
l'avoit rendue si redoutable à tous les Souverains de l'Europe , déjà s'affoiblissoit et diminuoit sensiblement , lorsque
ce Monarque monta sur le Trône : Soit que la guerre de 1756
dont les heureux commencemens furent suivis de tant de revers,
eut en quelque sorte émoussé l' esprit de ce peuple et altéré sa
première vigueur ; soit que les choses d'ici-bas étant une fois
parvenues à ce dégré d'élévation au delà duquel il semble qu'on
ne sauroit atteindre , elles ne se soutiennent quelque temps à
la même hauteur , que pour se précipiter vers leur décadence .

Déjà les Flottes Françoises ne traversoient plus les mers,
pour imposer des loix et porter la terreur chès tous les peuples.
Déjà le Nom François ne dominoit plus dans les Cours de
l' Europe , et son influence n'étoit plus prépondérante dans les
Conseils des Rois . Que dirons-nous des moeurs si énervées
ou plutôt tellement corrompues , que l' industrie Nationale
étoit éteinte , le caractère François dégénéré , et que l' empire du Commerce et des Lettres dont elle étoit depuis si longtemps en possession , sembloit vieillir et s' écrouler sous son
propre poids ? Les arts autrefois si florissans et consacrés à la
gloire et à l' opulence , dégradés de leur ancienne dignité , ne

tendoient plus qu'à flatter le vice. Elle s'étoit rallentie cette ardeur de cultiver les sciences, qui avoit produit de si grands génies et enrichi la République des Lettres de tant de découvertes utiles. La plûpart des littérateurs n'employoient plus leurs talens qu'à des ouvrages propres à servir d'aliment aux esprits oisifs, ou à fomenter les passions et tourner en dérision les Dogmes les plus sacrés de notre croyance : Ouvrages dont les uns étoient frivoles, quoiqu'embellis des charmes séduisans d'une diction captieuse ; dont les autres étoient obscènes ou impies ; et qui tous étoient également funestes à l'Etat.

Tels étoient l'affaissement et la décadence de l'Empire François, lorsque LOUIS parvint à la Couronne. Ce Prince ne les soupçonnoit pas seulement, déjà il les voyoit ; il savoit bien que la Providence ne l'avoit point placé sur le Trône pour s'y restreindre à des avantages personnels, mais pour se dévouer au bonheur des autres. Avec quelle ardeur ne s'applique t-il pas à rendre à son Royaume, son ancien lustre et sa puissance ? Avec quelle promptitude il ranime ses Ports, y multiplie les Phares, renouvelle sa Marine et prépare ses Flottes nombreuses ! Son règne n'eut à soutenir qu'une seule guerre Navale, mais les Escadres Françoises déployèrent-elles jamais de plus imposant appareil ? Les mers d'Angleterre, de la Méditéranée, de l'Asie, de l'Amèrique étoient couvertes non d'une seule armée et en différens temps, mais de plusieurs à la fois, qui portant dans presque toutes les parties du Globe, des troupes, des provisions et des convois, faisoient revivre partout la gloire de la France. Que d'autres condamnent, j'y consens, les motifs de cette guerre; que les succès des combats ayent été partagés ; personne, je pense, ne désavoûra que la France se mesurant avec une Nation qui semble être née pour la discipline et la gloire Maritimes, a mis en doute par la grandeur de ses forces et le

nombre de ses conquêtes , quelle étoit des deux Nations celle qui l' emportoit pour l'Empire des Mers.

LOUIS ayant ainsi réparé les forces de son Royaume
qui disputoit de la prééminence avec les peuples les plus puissans , la réputation de son Nom se répandit de tous côtés,
son autorité reprit son ascendant auprès de tous les Rois de
l'Europe . On ne traitoit plus sans lui aucune négociation im-
portante ; aucune guerre ne se déclaroit et n'étoit terminée
sans son consentement ou à son insçu . Est-il rien qui prouve
mieux quel dégré d'influence il avoit sur les Puissances, que
d'être choisi pour arbitre entre les Moscovites et les Turcs,
d' avoir pacifié la Prusse avec l'Autriche , et l'Autriche avec
la Hollande ? Quel témoignage plus éclatant de la considé-
ration dont il jouissoit, que les desirs les plus marqués de s'al-
lier avec la France , et l'empressement de recourir à Elle pour
en obtenir des secours ?

Maintenant quel avantage pensez-vous qu'ait retiré son
Empire du rétablissement de sa Marine, augmentée de ce Commerce qui contribue surtout à rendre une Nation si riche et
si puissante ? Il tiendroit du prodige si les négocians tombés
dans la nonchalance et l'oisiveté , avoient sçu profiter des richesses qui venoient s' offrir comme d'elles-même , & des vaisseaux qui leur étoient préparés pour exciter l'activité, l'industrie , et ramener en France les mêmes trésors qu'elle reti-
roit jadis de son commerce . En effet les soins multipliés de
LOUIS étoient parvenus à faire augmenter considérablement
les revenus annuels de la seule Colonie de Saint-Domingue ;
et après les premières années de son règne , le Commerce général s'étoit immensément accru . Je pourrois rappeller ici
les nouvelles Sociétés fondées en Afrique , le rétablissement
en Asie , de celle qu'après la guerre de 1763 la France fut
forcée de supprimer à son grand détriment . Je pourrois citer
la liberté qu'il établit dans tous ses Ports, d'en exporter ce que

la Nation avoit en abondance, et d'y introduire ce dont elle manquoit ; l'invention des moyens de cultiver les champs avec plus d'avantage, les progrès des arts, l'émulation ranimée parmi les artistes. Je pourrois ajouter qu'aucun genre de commerce n'échappoit à sa vigilance, pour y exercer de nouveau sa Nation et lui rendre son ancienne supériorité : Mais l'élévation de son ame m'appelle à d'autres objets.

Son génie né pour les grandes choses, ne pouvant se renfermer dans l'étendue de son vaste Royaume, embrasse encore les parties du Globe les plus éloignées ; et pour y ouvrir un passage aux marchands et aux navigateurs, il veut qu'on reconnoisse les anciennes routes et que l'on en recherche de nouvelles. Qui ne connoît pas le Nom, les courses et les malheurs de *La Peyrouse*, ce voyageur intrépide, cet habile Marin dont s'honore la France, sans envier l'immortel *Cook* à l'Angleterre ? Appeller auprès de Soi cet Homme célèbre, l'encourager par des récompenses, l'environner de vaisseaux, de provisions, de moyens en tout genre, l'inviter à parcourir les mers où *Cook* n'avoit pu pénétrer, et à découvrir des terres jusqu'alors inconnues, voilà sans doute des titres distingués de gloire pour ce Prince ; mais plusieurs Rois les partagent avec Lui. Que cet Homme fameux quitte LOUIS, moins étonné de son zèle pour ajouter à l'honneur de sa Nation, que frappé d'admiration à la vue de la sagacité de son esprit et de l'étendue de son érudition ; Que *La Peyrouse* assure que quand LOUIS lui parloit, il croyoit entendre un autre *Danville*, un autre *Cook*, c'est un mérite qui n'appartient qu'à lui seul.

La perfection des arts et la culture du bon goût réclamoient encore la protection du ROI, pour qu'il ne manquât plus rien à la France de sa première splendeur. J'ignore si après un bouleversement si général & tant de désordres, si après quatre années de massacres, d'incendies, de rapines,

ces superbes Monumens érigés par LOUIS , plus privilégiés
que tant de malheureux Citoyens dépouillés de leurs biens et
privés de leur vie , ont échappé au fer et aux flammes . Devenus la proye des Factieux et d'une populace effrénée dont la
fureur est plus destructive que le temps , j'ignore si tous ces
ouvrages n' ont pas été renversés et brisés dans les féroces
transports de leur délire . J'en appelle à vous , amis des arts,
vous que LOUIS accueilloit avec tant de bonté ; vous dont
il entretenoit l'émulation par les récompenses distinguées qu'il
assuroit à vos talens ; vous dont il encourageoit l' industrie ,
en vous proposant des exemples à suivre ; vous dont il couronna les succès par les plus grands bienfaits ; et vous encore
qui méconnoissant peutêtre ses propres dons , n' avez pas
rougi d'entrer en société , de former des complots infâmes
avec ses ennemis pour traîner , ô barbares ! votre bienfaiteur au supplice .

Pour vous il fit élever des Galeries ornées de Statues et
de Tableaux , où vous pussiez trouver pour modèles tous les
chefs-d'oeuvre de l'antiquité , vous perfectionner dans l'art de
manier les ciseaux et le pinceau , y travailler en même temps
à votre gloire et à votre fortune . Pour vous il forma des Jardins destinés aux Plantes exotiques et rares ; afin de vous
procurer plus d' agrémens , et plus de moyens d' acquérir de
nouvelles connoissances . Il vouloit que vous eussiez l'avantage de voir comme naturalisées , d'examiner avec soin des
productions dont un ciel jaloux nous avoit privés , et qui
naissoient loin de nos climats et de nos mers . Pour vous ,
l' Imprimerie (cet art peutêtre plus nuisible qu' utile , qui
répand peutêtre moins de vérités que d'erreurs , et plus de
maximes perverses que de bons principes ; cet art , qui au
lieu de consacrer à l'Immortalité les vertus et le Nom de
LOUIS dont il avoit reçu de si grands services , s' est prêté à vomir contre Sa Personne tant de calomnies atrôces , et

lui a préparé par ses feuilles sanguinaires une mort aussi cruelle ;) pour vous, ingrats ! l'imprimerie devint par ses soins. plus facile et plus parfaite, afin que vos écrits connus plutôt du monde entier, y portassent la gloire de votre génie et le fruit de vos lumières.

Le peu que je viens d'exposer parmi tant d'autres objets que j'aurois pu développer, les forces de terre et de mer rendues à la France par le zèle du ROI, son autorité raffermie, le commerce plus étendu, les beaux arts rétablis dans leur première supériorité, prouvent assès, TRES-SAINT PERE, que rien de ce qui constitue la science du gouvernement n'est échappé à sa prévoyance, et qu'il n'a manqué ni de prudence dans l'entreprise des négocations, ni d'adresse pour les conduire, ni de constance pour les finir. Les traits de bienfaisance et de générosité qui lui étoient si ordinaires, ne sont donc pas l'effet d'un défaut de lumière, comme quelques-uns ont osé l'avancer, mais d'une douceur naturelle et de la bonté de son heureux caráctère.

Si LOUIS réunissoit toutes les qualités Royales qui commandent le respect des peuples envers les Souverains ; si ses vertus furent couronnées par cette tendre humanité, cette rare bienfaisance, (les plus propres à concilier aux Rois l'attachement des peuples, et le plus ferme appui de leur autorité) comment donc a-t-il pu se faire, ô Ciel ! que dans ces dernières années, ce Prince qui avoit comblé sa Nation de tant de bienfaits, n'ait plus éprouvé de sa part que l'oubli, l'ingratitude, des cruautés, des blasphêmes ? La cause vous en est connue, TRES-SAINT PERE ; elle a fait à Votre coeur la blessure la plus profonde, puis qu'elle ne tendoit à rien moins qu'à détruire avec l'autorité des Rois Chrétiens, la Religion Chrétienne elle-même dont le Dépôt sacré fut confié à Votre vigilance, comme à son digne Chef et à son plus zèlé défenseur. La crainte de rouvrir une playe qui saigne encore, ne m'empêchera pas de retracer à Vos yeux un si pénible souvenir. Votre éloge en est inséparable, pour avoir défendu la Religion avec tant de force contre l'impiété de ses ennemis ; et le ROI TRES-CHRETIEN partage Votre gloire, en supportant avec tant de grandeur d'ame, la mort cruelle que lui ont fait subir les plus vils des hommes et les ennemis les plus acharnés contre la Religion.

Représentez-Vous donc le déplorable état de la France ; triste sans doute et douloureux tableau, mais nécessaire pour saisir la chaîne des funestes évènemens et des infortunes inouies, qui ont anéanti le Royaume le plus florissant et opprimé le plus malheureux des Rois. Voyez déjà, sous le règne de LOUIS-QUINZE, le Nom si respectable de la *Philosophie* usurpé par ces impies, pour en imposer à la multitude ignorante ! Voyez ces assemblées clandestines dans des temps et des lieux fixes, méditer les moyens de détruire la Religion ! Voyez la vertu méprisée, le vice plein d'audace, la licence effrénée d'agir et de penser ! Ce poison mortel se répandoit dans toute la France, et faisoit chaque jour de nouveaux ravages. Il avoit surtout infecté la Capitale du Royaume, sans respecter même la Cour. Et de quels éloges n'est pas digne à juste titre cet excellent Prince, qui jouissant dès sa plus tendre jeunesse du pouvoir suprême, ne devant à aucun mortel compte de sa conduite, résista courageusement à tous les conseils des méchans, à tous les attraits de la mollesse, à l'exemple des Grands, (la plus forte des tentations et le plus séduisant des pièges) et ne s'écarta jamais de la sévérité des principes dont ses Parens vertueux avoient environné son coeur. Quelles louanges ne mérite point cette ame naturellement pure et honnête, dont la vertu repoussa jusqu'à la moindre foiblesse, malgré les occasions présentées plus d'une fois non par le hazard mais par une perversité réfléchie ! Tant ces hommes méprisables avoient intérêt de voir la Majesté Royale s'avilir, en tombant dans ce vice, hélas si commun de nos jours ! Ils auroient voulu couvrir la turpitude de leur vie par l'exemple du ROI, dans l'espoir de bouleverser plus aisément son Royaume, après avoir engagé le Souverain dans les filets de la séduction et de la volupté.

Mais la dissolution des mœurs avoit déjà tellement prévalu, que la conduite du Monarque ne suffisoit plus pour la réprimer. Les Chefs et les partisans de cette affreuse Philosophie, pensant que le temps étoit venu de renverser la Religion, répandoient leur doctrine en public avec plus d'impudence. Plus elle y portoit atteinte, plus on l'accueilloit avec avidité ; car de tout temps, les hommes dépravés n'ont eu rien plus à cœur que de briser le frein des passions et de jetter du ridicule sur les menaces de la Religion qui seule peut les réprimer. Mais en vain cette barrière étoit-elle renversée, en vain l'impiété paroissoit-elle à son comble, ces scélérats n'étoient point encore parvenus à cet excès de licence auquel ils visoient depuis si longtemps. Il leur falloit encore anéantir cette crainte de l'autorité Royale qui les empêchoit de confondre ensemble les Choses divines et humaines. O guerre à jamais fatale à cet Empire, et surtout si funeste au ROI et à sa Famille ! Je parle de cette Guerre de l'Amérique à laquelle il est douteux si le jeune Prince se détermina par l'imprudence de ses Ministres ou l'artifice de ses ennemis. La liberté de l'Amérique étoit-elle donc d'un si grand prix, pour coûter tant de calamités à la France, tant de malheurs à son ROI, tant de troubles à l'Europe entière ? ah ! plût-à-Dieu que ce Nouveau Monde séparé de nous par l'intervalle des mers, nous fut encore inconnu comme il l'a été pendant plusieurs siècles à nos pères ! La France ne lui auroit point assuré une liberté cruelle, et ce dernier lui donnant son or en échange de sa liberté, n'eût pas dans ses trésors, fourni le fer homicide qui devoit enchaîner les mains d' un si grand Monarque, et fait tomber sa Tête auguste. Mais puis-qu'on ne sauroit prévenir les évènemens quand ils sont arri-vés, du moins seroit-il à souhaiter qu'à mon exemple, ceux qui transmettront à la postérité l' histoire de nos jours, pré-sentassent rapidement au lecteur le tableau d'une guerre aussi désastreuse. C'est la seule Epoque qui répande quelque nuage sur les belles actions de LOUIS, mais elle accusera dans tous les temps ses Conseillers et ses Ministres. Pourquoi donc l'ai-je rappellée, cette guerre si malheureuse ? Pour nous convaincre de cette grande vérité, que plus les Rois sont enclins à la bienfaisance, plus ils sont exposés aux pièges des courtisans qui couvrent leurs trâmes obscures du beau préte-xte de la félicité publique. Sous ce nom spécieux, le meil-leur des Monarques est induit en erreur ; et forcé de prendre des armes aussi fatales, il prête à ses ennemis les moyens de l' opprimer lui-même.

Après avoir en effet terminé la guerre et fourni aux dépenses énormes de ses succès, le Trésor Royal se trouva tellement diminué, qu'on n'entendoit plus que troubles et mécontentemens dans toute la France. On se plaignoit de ce que les Deniers Publics épuisés par ces dernières entreprises, ne pouvoient plus suffire aux charges du Royaume ni payer ses dettes. Le crédit de l' Etat qui en étoit le soutien le plus assuré, dépérissant de jour en jour, est sur le point de dis-paroître. Les Factieux s' empressant de recueillir ces mur-mures, les répandent de toute part avec joye, ils en triom-phent, ils élèvent l' étendart de la révolte qu'ils préparoient de si longue main; et le plus intègre, le plus digne, le meilleur des Rois, entouré de Ministres dont les efforts cherchoient à seconder son zèle pour éloigner de la Patrie les dangers qui l'environnoient, LOUIS est livré par ces Conju-rés à un étranger le plus fourbe des hommes et le plus avide de Renommée. Appellé à l'administration de la fortune publique, il ose tromper le peuple, trahir le ROI, dissiper ses trésors, ouvrir les emprunts les plus considérables, tourmenter les finances ; et lorsqu'il semble apporter quelque secours à la détresse de la Nation, c'est alors qu'il augmente si fort la dette du Royaume, qu'aucun Prince, aucun administrateur, aucun impôt ne sauroient plus y suffire.

Les fautes des Rois sont souvent la source des malheurs des peuples. Mais hélas! combien de fois leur inexpérience n'est-elle pas cruellement trompée par la mauvaise foi de leurs Ministres et la perfidie de leurs conseils? Quel est l'homme impartial et juste appréciateur des choses, qui puisse accuser LOUIS d'avoir contribué par son insouciance ou son luxe à l'épuisement des finances? Ses efforts, ses travaux sont connus; Eh! qui ne sait pas qu'il n'a négligé aucun moyen de les rétablir? Instruit de quelle ressource peuvent être les épargnes d'un Souverain, connoissant l'avantage qui en revient au Trésor Public, que n'a-t-il pas sacrifié de sa Personne, des droits de sa Couronne, pour augmenter châque année les finances, du produit de ses privations et de la diminution rigoureuse des dépenses du Trône? Aucun n'ignore ses conseils pleins de sagesse et d'équité pour réparer la fortune de l'Etat ; et si on les eût adoptés, déjà les dettes seroient éteintes, la recette auroit suffi à la dépense, la France avec son ROI si digne d'être chéri, ne seroit pas tombée dans cet abîme sans fonds de troubles et d'infortunes.

Mais on vit s'opposer aux desseins du Monarque, cette ligue d'ennemis qui avoient tant d'intérêt d'épuiser le Royaume, pour forcer LOUIS à convoquer les *Etats-Généraux*. C'est avec leur secours et par leur influence qu'ils se flattoient de mettre bientôt à exécution leurs iniques projets. Les gens de bien les désiroient depuis longtemps, afin de

délibérer sur les moyens à prendre , pour relever la prospérité du Royaume qui devenoit de jour en jour plus chancellante , et sauver la Chose Publique du malheur qui la menaçoit
de si près . Les méchans les demandoient ; dégoutés de la vie
privée et supportant avec peine leur pauvreté domestique , ils
espéroient trouver dans cette Assemblée , l' aliment de leur
ambition et de leur cupidité . Les ennemis de la Religion et
du ROI les sollicitoient plus vivement encore : leurs complots
tendoient tous à profiter de la diversité d'avis qui règne communément parmi tant d'hommes ainsi rassemblés; et ils ne pensoient qu'à y jetter adroitement des semences de sédition et de
discorde , capables de produire dans le Royaume entier une
secousse aussi fatale à l' Eglise qu'au Trône . LOUIS le plus
complaisant des Rois ne s'y refuse pas , malgré l' affoiblissement de sa puissance qu'il prévoyoit devoir être une suite de
cette Convocation . Il suffit à ce bon Prince , qu'une démarche , aux dépens même de son autorité , paroisse utile à son
peuple , pour s'y prêter et la regarder comme un avantage .

Ainsi donc à l' exemple de HENRI le CRAND qu' il se
proposa pour modèle , il convoque les *Notables* de toutes les
Provinces et Villes de son Royaume . Mais la difficulté des
temps rendit inutiles toutes les consultations . Enfin pour se
conformer dans cette position critique , aux usages et coutumes établies par ses Prédecesseurs , et pour mieux répondre aux desirs de toute la Nation , il ordonne le choix et le
rassemblement de tout ce qu'il y avoit de plus distingué dans
les *Trois Ordres* , les Ecclésiastiques , les Nobles et les autres Citoyens . Il aime à connoître le voeu du moindre de ses
Sujets ; il les presse tous de s'unir à lui , pour rémédier aux
maux de la France affligée et sur le penchant de sa ruine . Ce
nouveau mérite envers la Nation ajouté à d' autres sans nombre , fait goûter à LOUIS dès le commencement , la plus pure
des jouissances . Il ne se regarde pas comme un ROI au milieu

de ses Conseillers et de ses Ministres dans l'imposante Assemblée de la France, mais comme un Père de famille dans l'intérieur de sa maison et entouré de ses enfans les plus chers.
Quelle douceur, quelle humanité dans les paroles du meilleur
des Monarques ! Avec quel respect et quel attendrissement
elles sont accueillies de toute l'Assemblée ! Quelle sensibilité, quels transports dans ce bon peuple ! la joye éclate sur
le visage de tous, et que de larmes coulent de leurs yeux, en
témoignage de la vivacité de leur amour pous LOUIS, et de
l'étendue de leur reconnoissance !

D'où peut donc venir un si prompt changement ? Qui a
séparé, proscrit, éloigné du ROI les Grands qui lui étoient
si fidèles, le Clergé le plus courageux et la fleur de la Noblesse Françoise ? Qui a corrompu, séduit et détourné ce
peuple si soumis, si attaché à son Souverain, de son antique
dévoûment et de son zèle ? Qui donc a pu renverser tant
d'espérances, anéantir tant de moyens de rétablir la France
dans son premier état ? Ce même Homme que nous avons vu
porter dans l'administration du Trésor Public, la torche de
la Conjuration devant les plus cruels ennemis du Monarque ;
ce même homme qui prévoyant aisément l'inutilité de tous
ses efforts contre le Trône et l'Autel, par l'intégrité reconnue du Premier et du Second Ordre, l'accord parfait entre
l'Elite du Clergé et de la Noblesse, ne tarda pas de fomenter les plaintes, favoriser l'ambition, appuyer les demandes du dernier Ordre des Citoyens, persuadé qu'il trouveroit
parmi eux, bien des partisans de son projet insensé et toutes les ressources pour consommer son crime. Parvenu à un
tel dégré d'ascendant sur LOUIS, qu'il obtient de sa bonté,
tout ce qu'il a l'adresse hypocrite de lui présenter sous l'apparence du repos et du bonheur publics ; osant faire exécuter toutes ses volontés au Nom de SA MAJESTE ; cet Homme seul a pu, malgré les réclamations constantes de tous les

gens de bien , renverser les loix fondamentales du Royaume, fouler aux pieds l'autorité des exemples , détruire la nature des choses , violer les droits imprescriptibles et sacrés des deux Premiers Ordres de l' Etat , et parvenir enfin à faire accorder au Troisiéme Ordre un double suffrage sur les deux autres . O imprudence , ou du moins fatale erreur du bon ROI !.... Mais le sort en étoit jetté : il crut qu'il valoit mieux ne rien refuser et s'abandonner entièrement à un Ministre en qui le peuple avoit mis tout son espoir , que d'aigrir ce même peuple et de perdre la France . Dans ces temps orageux de troubles , et parmi tous ces mouvemens de divisions intestines, il n'osa résister au moindre de ses desirs , ni paroître tant soit peu douter de sa prudence ou soupçonner son intégrité .

L' augmentation du nombre des Factieux du dernier Ordre , ajoute à leur audace . Leur abominables desseins se montrent à découvert . on soudoye une multitude de scélérats , LOUIS lui-même est investi et court les plus grands périls . Tous ces hommes pervers n' avoient pour but dans leurs menaces atrôces et les dangers auxquels on exposoit ce Prince , que de surmonter les efforts et de triompher du courage des Premiers Ordes , composés de Sujets si braves et si zèlés pour leur ROI. La fureur l'emporte sur la prudence, et l'audace sur la modération. . Tant de Personnages distingués , tous ces hommes de bien craignant en effet qu'on ne se permît quelque violence contre le Sonverain , plongés d' abord dans la plus profonde consternation , se condamnent au silence et finissent par céder. Forcés de passer dans le Troisième Ordre , leur attachement pour le ROI leur fait illusion sur les dangers auxquels ils alloient exposer le Royaume. Vain espoir ! il n'étoit plus tems ; et cette démarche qui sembloit devoir sauver le Monarque, ne fit que le précipiter plutôt vers sa ruine . Ce que tant de Loix avoient Sanctionné , tant d'Etas Généraux avoient consacré par un usage immémorial , la base de la concorde parmi les Citoyens , de la gloire de la Nation , du salut du Royaume, la Distinction d'Ordres n'est plus . Cette Assemblée de toute la France la plus respectable et la plus auguste , se change en un amas d'hommes fougueux qui ne se réunissent pas pour délibérer avec le Souverain , mais pour dominer son autorité Royale. Tant d'inébranlables Pontifes de l'EGLISE GALLICANE , tant de Prêtres d'une intégrité à toute épreuve , tant de Membres recommandables de la Noblesse du Royaume qu'aucune terreur n'avoit ébranlés ni éloignés de leur Maître , ne pouvant plus empêcher cet inoui mélange , cette confusion absurde des Ordres , prennent la ferme résolution de résister du moins de tout leur pouvoir aux efforts de l'impiété , de dissiper les projets de la scélératesse , et forment un Parti Séparé . Pleins d'ardeur et de courage , montrant toujours sur le front la même constance , la même égalité , imperturbables dans leurs discours , invariables dans leurs principes , ils opposent à la folie , aux clameurs , l'élévation de l'ame , l'intrépidité du caractère , la prudence des conseils , la force irrésistible de l'éloquence et des lumières . Grands Hommes ! Hommes invincibles et au dessus de tout éloge ! . .. . Vous avez enfin , il est vrai , cédé à la fureur de vos ennemis qui ne connoissoient plus de frein ; mais en cédant, vous n'avez montré ni lâcheté ni foiblesse. La mort glorieuse que plusieurs d'entre vous ont eu le bonheur de souffrir pour la Religion et leur ROI, consacre à jamais leur mémoire à la postérité. Et vous qui avez échappé à tant de glaives et de poignards, proscrits de votre Patrie, bannis de vos foyers, dépouillés de tous vos biens! En quel lieu si désert, si innaccessible aux sentimens d'humanité pourriez-vous jamais pénétrer, qui ne se fit un devoir d'admirer votre vertu, de l'accueillir et même de lui porter envie ? Plût-au-ciel que tant d'exemples de grandeur d'ame eussent pu contenir ou ramener du moins le peuple à ses devoirs !

L'esprit saisi d'horreur, TRES-SAINT PERE, se refuse à décrire des évènemens dont nous apprimes en frémissant la déplorable nouvelle. L'antiquité n'en fournit pas d'exemple, et la postérité pourra-t-elle les croire ? Les Chefs de la conjuration attirent aisément par des largesses, gagnent par des récompenses le bas peuple et cette multitude innombrable dont Paris regorgeoit, composée de jeunes gens corrompus, de citoyens débauchés & de dissipateurs réduits au désespoir : Multitude captivée depuis longtemps par les attraits du vice, nourrie de la doctrine impure des prétendus *Philosophes* et insultant à la fortune des riches, comme il arrive d'ordinaire dans ces temps de désordre. Ils osent tantôt par l'abondance, tantôt par la disette, les forcer à se réunir en tumulte autour du ROI, et à menacer tous les gens de bien de l'incendie et de la mort. Partout retentissent les séditieuses déclamations de ces Prédicateurs effrénés d'une *Liberté* sans borne et d'une fausse *Egalité* parmi les Citoyens. Ainsi ceux qui s'étoient assemblés pour soutenir les fortunes chancellantes de l'Empire, ne parlent plus que d'en changer les loix, de circonscrire l'Autorité Royale, de venger la *Souveraineté* du *Peuple*. C'est devant ce peuple qu'ils osent agiter ces questions inouies, et avancer à grands cris ces abominables maximes : " La liberté innée dans châque individu
,, est un droit qui ne se perd point par la prescription, qui
,, ne sauroit être affoibli par la violence ni usurpé par aucune
,, domination. L'homme est né pour en jouir ; et la nature,
,, en le formant, lui transmet la liberté sans qu'il ait besoin
,, de l'apprendre. Les Rois que le Peuple ne s'est point donnés librement, sont des tyrans. Ceux qu'il s'est nommés,
,, peuvent-être détrônés par le Peuple, s'il le croit avantageux à la Chose Publique ; le Peuple est le seul et vérita-

,, ble ROI , ,, A la perversité de ces principes , ils ajoutent
tout ce qui peut surtout inspirer à l'ambitieux et à l'indigent
le desir d'un nouvel ordre de choses ." Chacun a droit aux
,, places distinguées , aux grandes récompenses qui avoient
,, été jusqu'ici réservées à la seule Noblesse . La Patrie est à
,, tous sans distinction , et tous appartiennent à la Patrie .
,, L'Elévation du rang fut introduite dans la société par les
,, Rois et les Grands , pour concourir ensemble à dominer
,, plus sûrement les autres Citoyens : plus désormais de dif-
,, férence parmi les hommes , que celle qui naît des qualités
,, personnelles et de l'amour pour la Patrie . ,,

Le peuple léger et curieux de nouveautés , est si vivement échauffé par les discours de ces Séditieux , qu'il se révolte ; une fureur aveugle s'empare de lui : Ce n'est point
contre les Nobles et les Ecclésiastiques seuls qu'éclate la haine
et se dirigent les menaces , c'est contre le ROI lui-même .
Ce Prince s'étant persuadé qu'il pourroit calmer par la douceur cette multitude agitée , et voulant donner de nouvelles
preuves de sa bienfaisance , se retire dans le sein de l'Assemblée qui commandoit tous ces troubles . Eh ! qu'y avoit-
il donc que le Peuple ne pût obtenir d'un si bon ROI , ou que
le ROI ne fût disposé à sacrifier pour son Peuple ? Etoit-il
las d'être gouverné par un Maître ? Mais LOUIS leur annonce (*) qu'il veut être le Prince et non le Maître de Sa Nation . Le grand nombre d'impôts payés au ROI le surchar-
geoit-il ? Mais Il se contente de ceux qui lui seront librement offerts . Soupire-t-il après les honneurs jusqu'alors le partage des Nobles ? Mais LOUIS veut désormais que tous les
Citoyens ayent le droit d'y prétendre . Que lui faut-il de
plus ? Le ROI déclare qu'il ne veut pas régner seul , que le

____

(*) Déclaration du 20 Juin 1789.

voeu de son coeur est de partager son Autorité Royale avec ses Sujets, et qu'à l'avenir il consent à convoquer *Ses Etats* dans des temps périodiques, pour profiter de leurs lumières. Est-il de barbarie, de cruauté que tant de bonté, tant de douceur de la part du ROI ne dussent désarmer? O scélératesse qui couvre la France d'un opprobre éternel! Cette humanité sans exemple, cette inouie bienfaisance, cette manière simple de leur parler qui daigne descendre jusqu'à la familiarité même, sont accueillies par le tumulte et l'agitation, tristes avantcoureurs d'une rébellion qui se prépare. A toutes ces marques d'affabilité succèdent les funestes présages du plus noir attentat, des cris, des blasphêmes et la barbarie d'un peuple qui vient, comme sur une Ville ennemie, fondre pendant la nuit sur le Palais de Son ROI. (*) O Nuit désastreuse et qu'il faudroit, s'il étoit possible, effacer à jamais du nombre des nuits! Affreuse nuit où une foule armée d'hommes yvres de fureur, ose assaillir le meilleur des Princes, accabler d'injures son auguste Epouse et proférer contre la Famille Royale les menaces les plus atrôces! Ah! sans doute les ombres de cette nuit devinrent plus obscures, pour couvrir tant d'exécrables forfaits. Mais quelles ténèbres assés épaisses pour être impénétrables à l'audace de la scélératesse!.... Et quel Jour abominable succède à la plus horrible des nuits! Jour fatal où la violence enlève le ROI de son Palais de Versailles, et l'emmène à Paris sous la garde de ces furies & d'une soldatesque sans frein!

Ce jour fût le dernier du Règne de LOUIS-SEIZE, le commencement de tous les maux pour les bons et d'espoir pour les méchans. Dès ce jour en effet cette Assemblée, non plus des trois Ordres de la France, mais des ennemis impla-

---

(*) Du 5 au 6 Octobre 1789.

cables du Trône , s'arroge l'Autorité Suprême . Dès ce jour, tout tombe dans le désordre , la confusion : et ces désastres sont suivis du massacre des gens de bien , de la fuite des Princes , du règne des assassins et de la tyrannie de ces monstres.

Déjà LE COMTE d'ARTOIS , ce FRERE magnanime de LOUIS , avoit vu ses jours menacés par le fer homicide des Conjurés . Ce Prince ne s'étoit point soustrait à la cruauté de ses ennemis par amour pour la vie ; mais armé de l'Epée formidable d'HENRI-QUATRE , il brûloit d'ardeur de venger tant d'attentats , et d'aller chercher plus sûrement loin de sa Patrie , les moyens que lui refusoit la France pour délivrer le ROI son FRERE . L'auguste EPOUSE de LOUIS n'avoit point seulement des motifs de s'enfuir , c'étoit encore une nécessité pour Elle , de ne pas livrer à cette populace effrénée tant de dignité , tant de vertu . Les conseils , les invitations , les larmes du ROI la pressent vivement ; rien n'est capable d'émouvoir son inébranlable résolution : *Non*, dit-Elle avec une force d'ame à toute épreuve , *Non*, *Je ne survivrois pas à la séparation du plus chéri des Epoux : Je périrai, s'il le faut , à Ses Pieds* . Courage vraiment digne de la Fille d'une si grande Mère , de la Tante d'un si grand Empereur, de la Nièce et de la Soeur de tant de Souverains ! Déjà la REINE avoit appris à ne pas redouter ces variations de la mobile fortune des Rois . Elle avoit déjà triomphé avec autant de noblesse que de fermeté , de la trahison des courtisans , de l'infidélité de ses amis , des calomnies de ses persécuteurs ; et c'étoit sans doute par une providence admirable de la Sagesse Eternelle , qui voulant donner à l'univers un nouvel exemple d'héroisme dans une Femme sur le Trône , la destinoit à supporter de plus grands malheurs avec la même constance .

Il restoit encore à préserver des irruptions d'une populace aveugle dans le Palais du ROI , les TANTES respectables de LOUIS-SEIZE. La France ne méritoit pas d'admirer de si grands exemples : Echappées de leurs foyers , séparées de ce qu'Elles ont de plus cher, leur ingrate Patrie ose se permettre des discours outrageans , d'insolentes menaces contre ces Augustes PRINCESSES ; et le Crime ne rougit pas de poursuivre la Vertu jusqu'aux frontières du Royaume . Mais ROME , la Mère et l'Asile de toutes les vertus , ROME les accueille dans ses bras avec autant d'empressement que de vénération . Il étoit bien juste, TRES-SAINT PERE, qu'à tant de sujets de louange , Vous ajoutassiez encore le mérite de Visiter avec tant d'intérêt les dignes DESCEN-DANTES de SAINT-LOUIS, pour les consoler dans leur disgrace , accorder à l'élévation de leur Rang des égards qui caractérisent Votre Grande Ame , et donner à de Tels HOTES , des preuves si touchantes de Votre affection Paternelle . (*)

(*) Nel Sabato 16 del corrente le Loro ALTEZZE REALI MARIA A-DELAIDE , e VITTORIA MARIA *zie* di SUA MAESTA' CRISTIANISSIMA accompagnate dalle loro due Dame d'onore la *Duchessa de Narbone* e la *contessa de Chatellux* . giungerono in questa Dominante ... la sera della seguente Domenica le REALI PRINCIPESSE furono introdotte all' udienza della SANTITA' DI NOSTRO SIGNORE , che le ricevé con atti di Paterno amore a se co' naturali , e le trattenne per buon spazio di tempo in affettuosi discorsi .

Il S. PADRE volendo dimostrare quanto le sia grata l'amicizia della R. CASA DI FRANCIA , ed insieme l'attaccamento e stima che SUA BEATITUDI-E nutre per la medesima , nel dopo pranzo del seguente Lunedì Santo si degnò di portarsi col treno del Semipubblico, al Palazzo dell'E^{mo} Monsig. Car-dinal de BERNIS per rendére una graziosa visita alle due REALI PRINCI-PESSE , le quale vedendo che il detto Porporato portavasi a ricevere e servire SUA BEATITUDINE allo scender dalla Carrozza , ancor loro anelanti per tanto onore compartitogli dal SUPREMO PRINCIPE , e per esternar la loro divozione verso il CAPO VISIBILE DELLA CHIESA , ED UNIVERSAL PASTORE , tralasciata ogni etichetta , corsero ancor loro ad incontrarlo per le scale , per professarli quella stima che nutrono per la SUA SAGRA PERSO-NA , e tra gli scambievoli complimenti insieme passarono all' appartamento, ove la SANTITA' SUA si trattenne in affettuosi discorsi, per buon spazio di tempo , dalle quali finalmente licenziatosi con darli l'APOSTOLICA BE-NEDIZONE , con l'istesso accompagnamento si restituì alla sua residenza.

Dans un état de choses aussi déplorable , chaque jour inondoit Paris de libelles affreux. Les oreilles étoient fatiguées des plus obscènes déclamations : tout retentissoit de cris , de plaintes et de menaces ; tout annonçoit un attentat contre la Personne Sacrée de LOUIS . Si le plus indulgent des Rois croit devoir se plier un moment aux circonstances ; si même on semble appercevoir un excès de douceur dans ses rapports avec les Factieux ; s'il paroît se prêter avec trop de bonté aux volontés perverses de ses ennemis ; enfin s'il Sanctionne cette *Constitution* prétendue *Civile* du *Clergé* , aussi opposée aux règles qu'à l'autorité de l'EGLISE CATHOLIQUE ; s'il se relâche en quelque sorte de la fermeté de son caractère , et des principes de la Religion qu'il tient de ses Ancêtres , ah ! ce Prince est bien moins blâmable que digne d'excuse , puisqu'il est constant qu'il n'y a consenti que forcément et malgré lui. S'il avoit cru que sa vie seule fût en danger , sans doute il n'eût jamais souscrit à tous ces Décrets: Il avoit vu d'un oeil tranquille et soumis à tout , d'autres tempêtes , d'autres orages se former sur sa Tête . Mais il craignoit pour les jours de tant de bons Citoyens , de tant de Serviteurs fidèles , de la Famille Royale entière , il trembloit pour toute la France .... et à son refus en effet , dans quels excès d'horreur ne seroient pas tombés les Chefs enragés de cette Conjuration , quelle tête auroient-ils épargnée ? Ce n'est donc pas le courage , mais la liberté qui lui manqua: Et plût-à-Dieu qu'il eût pu briser les fers qui l'enchaînoient , et sortir enfin de ce cahos immense de troubles et de désor-

---

del VATICANO ... Mercoledì Santo mattina le REALI PRINCIPESSE si condussero alla BASILICA di S. PIETRO , ove con somma divozione ascoltarono la S. Messa che con la sua consueta esemplarità celebrò all' altare Papale SUA SANTITA' , nella quale Egli stesso impartì la Santissima Comunione alle Religiosissime REALI PERSONE.

Cracas, Diario ordinario , num. 1702, 23 Aprile 1791.

dres ! ah ! bientôt , n'en doutons pas , il eût révoqué ce qu'il avoit souscrit contre son gré ; les desseins des Parricides se fussent évanouis , la France seroit sauvée et sa Religion avec Elle . Il devoit donc tenter cette fuite , c'étoit à la fortune de couronner ses efforts . Ce qu'il fit , est une preuve de sa Grande Ame ; le défaut de succès est l'effet d'une malheureuse fatalité . Mais qu'on ne croye pas qu'il se détermine à fuir pour soulever les Rois de l'Europe contre une Assemblée qui le dépouille de son autorité, ou pour former des armées afin de venger les outrages faits à la Majesté Royale . Quand même la douceur du caractère de LOUIS si éloigné du sang et du carnage , ne réfuteroit pas suffisament cette calomnie de ses bourreaux , elle seroit à jamais anéantie , par tout ce qu'il a fait constamment pour détourner de sa Patrie la guerre formidable qu'on lui déclara dans la suite , sans qu'il l'eût personnellement provoquée . Combien de fois ne refusa-t-il pas les secours offerts par les autres Souverains ? Combien de fois n'a-t-il point arrêté les effets du juste ressentiment de l'EMPEREUR , Frère de son auguste EPOUSE ? Combien de fois n'a-t-il pas rejetté les conseils , suspendu les armes des Princes unis contre la France ?

Il seroit inutile de prouver un fait si clair , si récent et si connu . Tout élève la voix en sa faveur : les fréquentes lettres qu'il a écrites ; les Ambassadeurs envoyés plusieurs fois ; les Rois même qui tournent aujourd'hui leurs armes contre cet Empire . Ces Souverains eussent acquiescé paisiblement à ses conseils et à ses voeux , et ne se seroient jamais mêlés des troubles de son Royaume , comme ils l'ont publiquement assuré dans leurs Manifestes , si l'Assemblée dans son délire , n'avoit été la première à leur déclarer la guerre , ou si elle s'étoit abstenue de répandre dans toute l'Europe , le funeste poison de la révolte et de la licence . Enfin la conduite même des ennemis du ROI parle pour Lui .

Confondus non seulement par ses conseils publics de paix et de concorde, mais encore par ses propres efforts, pour se tirer d'embarras ils donnent une autre couleur à la calomnie : comme si LOUIS aimoit mieux attendre les secours de la guerre hors de la France, que de les rappeller dans l'intérieur ! Ils se mettent fort peu en peine d'être en contradiction avec eux-mêmes, pourvû qu'ils attaquent le ROI, en recherchant ses moindres actions, et leur donnant toujours l'interprètation la plus défavorable. Mais si le Monarque, comme ils n'osent le nier eux-mêmes, ne vouloit pas la guerre dans ses Etats, il faut donc convenir qu'il a tenté d'en sortir pour inspirer en son absence, des sentimens de paix à ses propres Sujets qui demandoient la guerre, et qu'il n'avoit pu ramener par sa présence à des idées pacifiques. Que sera-ce donc s'il n'a jamais eu l'intention de sortir de son Royaume? Il déclare lui-même à tous la cause de sa fuite, le lieu où il se proposoit de se rendre ; et son intègrité, l'ingénuité de son ame étoient si grandes si universellement reconnues, qu'on ne sauroit même le soupçonner de dissimulation ni de mensonge. Il s'arrache donc à sa captivité, mais non à sa Patrie. Le ROI avoit résolu de se rendre dans un lieu de son Empire où la situation du pays, la garde fidèle de ses troupes et de ses amis lui permissent d'examiner avec réflexion et librement les nouveaux Décrets, pour Sanctionner ceux qui étoient utiles à la Patrie et rejetter ceux qui lui seroient contraires. Il espéroit même qu'après quelqu'intervalle de temps, cette grande fermentation venant à se calmer, ses Sujets se rallîroient enfin et reviendroient à des avis plus modérés. Ce Prince plein de clémence offroit encore à tous ceux qui rentreroient dans leur devoir, le pardon génèreux de tous leurs crimes, la vraye liberté, la sûreté, la Religion ; la Religion sans laquelle il n'est point de bonheur.

La Fortune sembla favoriser un instant cette fuite, (*) conseillée par la raison et approuvée par la sagesse. Mais à quoi ne se porte pas le crime pour persécuter la vertu ! La fureur lui donne des aîles, et le voilà déjà qui veille aux portes de Varenne! Des scélérats osent arrêter le ROI, l'entourer et se saisir de Sa Personne. Une partie de leur proye échappe de leurs mains : MONSIEUR, FRERE du ROI sort heureusement du Royaume, par l'effet d'une Providence attentive qui vouloit conserver sans doute un vengeur à son malheureux FRERE, un soutien au jeune DAUPHIN, un libérateur à sa Patrie désolée, et un Défenseur à la Religion qui gémissoit sous l'oppression de l'impie. LOUIS lui-même eût pu s'enfuir aisément: il suffisoit d'un ordre à ses braves soldats pour tomber sur les assassins. Bientôt la force eût repoussé la force, ou plutôt l'audace auroit succombé sous leur valeur invincible. Ainsi se seroit-il délivré de ces monstres, s'il n'avoit aimé les siens jusqu'à ne pas vouloir exposer leur vie, pour recouvrer sa liberté. Si du moins en sacrifiant ses jours, il avoit sauvé ceux de son EPOUSE, de sa SOEUR, de sa FILLE, et de son FILS ! .... l'Epouse et la Soeur, le Fils et la Fille n'ont pas des sentimens différens de ceux de LOUIS Tant de vertu surpasse encore la jeunesse du Nouveau ROI (**) ; mais en avançant en âge, il apprendra de l'exemple de son Auguste PERE, quelle est la véritable gloire ; et dans le sort déplorable des autres, il puisera les leçons du malheur.

Le ROI, quel que pût être l'évènement, ayant résolu

(*) Dèsqu'on apprît à Rome l'heureuse nouvelle de l'évasion du ROI, les Romains se portèrent en foule auprès de MESDAMES, pour les féliciter d'un évènement si désiré. Leur vif empressement étoit un témoignage bien touchant de cette sensibilité qu'inspirent à toutes les ames honnêtes, les malheurs des BOURBONS.

(**) LOUIS DIX-SEPT, ROI de FRANCE & de NAVARRE, né à Versailles le 27 Mars 1785.

de se livrer à ces scélérats, plutôt que d'opposer de la résistance et de faire couler le sang de ses Sujets, se voit forcé de revenir à Paris avec la Famille Royale et sa suite. Des Satellites barbares entourent ces augustes Victimes ; de tous côtés la multitude empressée, accourt sur leur passage, leur bouche impure ne suffit pas aux blasphêmes. Sans cesse ils profèrent des outrages sanglans contre les Princes captifs, ils tournent en dérision l' inutilité de leur fuite : les calomnies dont on les couvre, ajoutent encore à la douleur de leur détention ; mais ces grandes ames supportent un voyage aussi fâcheux avec tout le courage de la patience. Ah ! combien fût cruelle leur entrée dans Paris ! Que le silence de cette nuit dût être lugubre ! Quelle férocité dans les regards du soldat ! Comme elles étoient atrôces, les menaces de ce peuple qui ne respiroit que le carnage ! Je ne dirai pas ce qui suivit l'arrivée du Monarque dans sa Capitale : la peinture d' un mépris si révoltant de la Majesté Royale passe les bornes du discours, la douleur s'y refuse, l' indignation s' en offense ; et s' il en coûte autant à l' Orateur consterné pour raconter tous ces excès, Grand Dieu ! Combien n'ont-ils pas dû être accablans et douloureux pour LOUIS qui les éprouvoit dans toutes leurs horreurs ! ..... Mais qu'on ne pense pas que tant de mauvais traitemens ayent jamais abbatu son courage ni altéré sa douceur. Aux menaces d'un peuple farouche il oppose la bonté, la clémence à la fureur ; et aux poignards, un coeur armé de sa bienfaisance. (*) Il voit se précipiter vers sa Cour une populace hérissée de piques, et qui dans son audace conçoit l'exécrable projet de violer jusqu'au Sanctuaire du Souverain. Il leur fait ouvrir les portes de son Palais, les reçoit avec bonté, leur parle du ton le plus affable et le plus tendre ; et

____

(*) Le 28 Février 1791.

pour les calmer plus sûrement, il porte la condescendance jusqu'à laisser mettre sur Sa Tête auguste l' *Emblème* outrageant de la *Liberté*. Il s'y détermine malgré lui, non par l'effet d' aucune crainte, mais par le desir d' appaiser ces barbares. L' innocence ne craint rien ; et LOUIS le prouva bien lui-même, lorqu'ayant pris la main d' un des Gardes qui l'entouroient, il l'approcha de son Coeur Royal, voulant montrer par ce trait d'héroisme, que dans les circonstances les plus critiques, la crainte ne fait point palpiter un coeur que le courage anime et que l' innocence rassure.

Pourquoi donc un changement si subit, une sévérité si extraordinaire ? D' où vient ce Front triste et austère qui annonce le refus le plus marqué ? Que reste-t-il donc au Peuple à demander à son ROI, et qu'est-il encore que le ROI n'ait accordé à son peuple ? Ne lui a-t-il point remis le droit de consentir les impôts ? N'a-t-il pas diminué sa Garde Personelle, modéré les dépenses de la Maison Royale, livré son autorité, sa puissance, sa liberté; ne s'est-il pas dévoué lui-même à ses Sujets ? Peut-il être matière à de nouveaux sacrifices ? Dans cet abandon total LOUIS s'est reservé la RELIGION qu'il a reçue de ses Pères, la Religion ! Ce Trésor des ROIS TRES-CHRETIENS et qui fut toujours si cher à son coeur, ah ! Il ne souffrira jamais qu'on l'en sépare. Ces monstres infâmes, exécrables avoient surtout opéré cet étrange renversement pour anéantir en France tonte idée Religieuse. Ils s'apperçoivent bientôt qu'ils ne peuvent venir à bout de leurs abominables desseins, à cause de l' intrépide résistance de tant de Prélats distingués, et du courage invincible de tant de Prêtres l' EGLISE GALLICANE qu'aucune terreur, aucune promesse n'avoient pu déterminer à reconnoître avec *Serment* ces Loix barbares et destructives du CULTE CATHOLIQUE. Ils font donc un Décret tyrannique, inhumain, impie qui les dépouille de tous leurs biens et les

bannit du Royaume . Ils le proposent au ROI pour le Sanctionner , comme un moyen prompt et facile de faire cesser parmi
les Citoyens tant de troubles et de divisions intestines. Cet artifice n'ayant pas réussi , ils ont recours aux menaces , ils
soulèvent la multitude armée du fer et de la flamme . Mais
l' Ame Grande de LOUIS , formée à la piété dès sa plus tendre jeunesse , croit devoir s'exposer plutôt à tout souffrir que
de souscrire un Décret si ennemi du Nom Chrétien , et digne
du temps des Dèce et des Néron . Par cette suspension prononcée avec fermeté , le ROI compensa tout ce qui sembloit
tenir de la foiblesse dans ses autres Sanctions ; et dès lors ce
refus devint pour lui l'occasion et le motif de la mort la plus
glorieuse . En effet depuis cette Epoque , les ennemis de la
Réligion ne cessèrent d' en vouloir à ses jours et d'en accé-
lérer la fin . Les revenus des Evêques et des Prêtres envahis ,
leurs fortunes dilapidées ; les Pasteurs du Troupeau Catholique chassés de leurs Sièges ; dès Ministres sacrilèges , des
Voleurs , des Loups ravissans introduits à leurs places ; les
Temples dépouillés , les Autels renversés , tant d' autres
profanations de ce qu'il y a de plus sacré dans la Religion que
l'on ne sauroit raconter sans frémir , toutes ces abominations
ébranloient et diminuoient la Foi des Fidèles . Mais ils n'en
voyoient pas moins , ces impies , que sous le règne d' un
Monarque , CHRETIEN dans son Coeur autant que dans
son Nom , ils ne sauroient la proscrire entièrement de la
France , cette Religion qu'ils avoient le projet fixe et déterminé d' anéantir .

Le jour destiné par ces Parricides pour consommer le
plus noir des attentats , arrive enfin ; (*) Le ROI en est instruit , il ordonne à ses Gardes de ne faire violence à person-

---

(*) Le 20 Juin 1792.

ue , s'il s'élève quelque tumulte au tour de son Palais . Il
commande de traiter le peuple avec autant de douceur que les
circonstances pourront le permettre , d'opposer les prières ,
la persuasion à la force et aux armes , et de n' employer ces
derniers moyens que dans le cas où les autres précautions de‑
viendroient inutiles . Le voilà donc ce Maître superbe , in‑
digne de commander à un *Peuple Libre* ! Voilà donc ce Ty‑
ran cruel que l'on va dépouiller du Sceptre de ses Pères , de
la vie même ! ., . O Ciel ! si LOUIS est un Tyran , où sont
donc ceux qui méritent le Titre de Rois bienfaisans , de Prin‑
ces humains , de Pères de la Patrie ? Est-il rien dans ces
ordres qui ne respire la bonté , la modération ? Et que sem‑
ble-t-il qu'on puisse ajouter à ces doux sentimens ? Malgré
cette générosité sans exemple , l'intraitable fureur de cette
multitude insensée s' anime aux excès et court aux armes .
L' impétuosité des furieux qui fondent sur le Palais , l' oppo‑
sition de la Garde qui les repousse , les cris des assassins , les
soupirs des mourans saisissent d' horreur la Famille Royale.
Dans l' impossibilité de discerner le parti qui retoit à pren‑
dre , le ROI trompé par le conseil d'un envoyé perfide , se
réfugie avec tous les Siens au sein de l'Assemblée de sa Na‑
tion , qu'il espèroit encore être le Sanctuaire des Loix et l'a‑
sile de l' innocence opprimée. O déplorable sort de LOUIS
victime de la trahison ! Ce lieu ne devient pas pour lui une
retraite assurée , mais une affreuse détention . Loin d' être
sous la protection des Loix , il y gémit sous la cruauté de
la tyrannie ; au lieu d'équitables défenseurs , il n'y trouve que
les ennemis les plus injustes . Forcé d'y demeurer trois jours,
quels sentimens douloureux ne dût-il point éprouver à la vue
importune de ceux qui lui avoient tendu tant de pièges et
préparé tant de chagrins ! Il sort enfin de ce repaire odieux ,
pour être renfermé dans une prison avec toute sa Famille .
Exposés aux huées d' une populace insolente , on leur fait tra‑

verser les rues les plus fréquentées de la Capitale , on fixe
leurs regards éplorés sur les débris des statues des Rois leurs
Ayeux. Hélas ! ce mépris , cette haine du peuple ne leur an-
noncent que trop la triste captivité qui les attend, et leur
ame est déchirée d'avance par la pénible image des maux qui
leur sont réservés.

Eh ! qui pourroit assès déplorer la cruelle situation de
ces Augustes Prisonniers ? Voilà donc , ô le plus malheureux des ROIS ! Voilà donc où ont abouti tous tes bienfaits
envers ton ingrate Patrie ! N'as-tu donc délivré tes Sujets de
de la Servitude , que pour devenir Toi-même leur Captif ?
Est-ce donc pour avoir supprimé la Question envers les accu-
sés , qu'on condamne ton innocence à ce même tourment ? Tu
n'avois donc rendu les prisons des criminels mieux aérées et
plus salubres , que pour gémir Toi-même dans une prison
moins saine et plus ténébreuse ? Et quels Géoliers ! Qu'ils
sont durs et barbares ! .... Son Auguste EPOUSE (*) et sa
SOEUR (**) sont traitées avec la même inhumanité . On accuse la REINE d'orgueil et de fierté ; on lui fait un crime
de supporter avec tant de grandeur d'ame, l'horreur de son
séjour. Ne pouvant par la calomnie changer en crimes les
vertus de sa digne Compagne, ils ont l'audace d'offenser
son ame pure par l'obscènité de leurs propres outrageans et
d'insulter sans pudeur à sa délicatesse. Qui pourroit du moins
avoir le coeur assès endurci , si peu compatissant pour n'ê-
tre pas touché de commisération en faveur des deux ENFANS
de LOUIS , et de l'innocente candeur d'un âge si tendre ?
Eh bien ! Ces scélérats se permettent des railleries, du mépris envers des Gages aussi précieux , et leur ame impitoya-

---

(*) MARIE-ANTOINETTE , Archiduchesse d'Autriche , R E I N E de
FRANCE.
(**) MADAME ELIZABETH.

blé se ferme à tous les sentimens de cette humanité qui a dé-
si doux attraits pour un être sensible . La rage de ces monstres n'est point encore assouvie : ô douleur ! Par quels nouveaux tourmens et toujours plus cruels, ne cherchent-ils pas
à ébranler la constance de LOUIS ? . . . . . Ces Cannibales
exercent leur fureur sur les tristes dépouilles d'une Princes-
se, amie intime du ROI et de la REINE . Ils portent sa tête
ensanglantée au bout d'une pique; et ils osent, les Monstres ! présenter un si affreux spectacle sous les yeux de leurs
Augustes Souverains . Ils rappellent à la vie ceux que ce tableau cruel avoit fait tomber en défaillance ; comme s'ils rou-
gissoient de se montrer encore trop humains, en ne les li-
vrant qu'une seule fois à la mort ! La vue accablante d'une
aussi révoltante atrocité n'étoit pas un supplice qui suffît à
leur barbarie ; ils vouloient encore porter dans l'ame une douleur mortelle, par les cris féroces dont ils frappoient sans
cesse les oreilles . Pour déchirer de plus en plus le coeur navré
du Monarque, on lui annonce qu'on a massacré en même
temps et dans un même lieu, au nombre de plus de Trois-
Cens, et laissé sans sépulture les Corps de ces fidèles Pontifes (*), de ces Prêtres inébranlables, généreux Défenseurs
de la FOI CATHOLIQUE, que le plus Religieux des Rois
avoit préservé de la déportation, en refusant de sanctionner
le Décret qui les y condamnoit . Ils tournent en dérision sa
sensibilité: Comme s'il n'avoit, disoient-ils, soustrait tant de
victimes à la proscription populaire, que pour les réserver au
carnage ! Le ROI consterné de cette horrible nouvelle, bles-

(*) Messeigneurs DU LAU Archevêque d'*Arles*, DE LA ROCHEFOU-
CAULT Evêque de *Beauvais* et l'Evêque de *Saintes* son Frère, furent du
nombre des victimes immolées à Paris
dans l'Eglise des Carmes ; le 3 Sep-
tembre 1792. M. DE CASTELLANE
Evêque de *Mende* subit le même sort,
lors qu'il fut transféré des prisons d'Or-
léans à Versailles .

sé jusqu'au fonds de l'ame d'un si sanglant mépris , n'eût pû survivre à ce malheur : Mais ranimé par l'exemple de la mort glorieuse que ces HEROS pleins de courage venoient de subir pour la Religion , il place son espérance dans le bonheur d'être bientôt l'Emule et le Compagnon de leur triomphe. Dans le dessein de l'avilir , ses ennemis font de vains efforts par un Interrogatoire aussi absurde qu'injuste. Quoiqu'on ne connoisse que trop ces incroyables détails , je vais les raconter en peu de mots , afin que les motifs d'une mort aussi précieuse apportent quelque soulagement à la douleur de tous les coeurs sensibles .

Pendant la captivité de ce Prince , on indique une seconde *Assemblée Nationale* , différente de Nom , mais encore plus criminelle . Elle forme le projet d'exécuter au plutôt le plan conçu depuis long-temps de faire disparoître de la France et le Royaume et son ROI . Malgré l'approbation de l'Assemblée et la Sanction de LOUIS , Elle supprime comme tyrannique , cette première *Constitution* qui conservoit une apparence de Royauté ; et elle ose ensuite citer le ROI devant son Tribunal. Je n'observe pas que ce Monarque ne pouvoit être appellé en jugement ni condamné à mort Ils avoient eux-mêmes fait une Loi qui le déclaroit *Inviolable* . Ils avoient décrété que s'il venoit à être convaincu de quelque délit contre la Patrie , il seroit forcé d'abdiquer sa Couronne ; et qu'après avoir subi cette peine , on ne pourroit le juger que sur les fautes commises depuis sa rentrée dans la condition d'homme privé . Je demande seulement de quel crime on l'accuse , sans examiner s'il pouvoit être accusé. —— LOUIS s'est rendu coupable, disent-ils , de plusieurs délits contre l'ancienne Constitution . Mais ne l'avez-vous pas fait disparoître vous-même comme tyrannique ? Supposons cependant que ce soit un crime pour ce Prince , d'avoir voulu toucher à une Loi que vous vous glorifiez d'avoir supprimée: a-t-il jamais travaillé à l' affoiblir ? Où en sont les indices et les preuves ? Seroit-ce dans ces lettres que vous avez obstinément refusé de soumettre à ses Défenseurs (*), de peur qu'on n'en découvrît la noirceur et la fausseté ? Seroit-ce pour avoir, d'après ses conseils et ses exhortations, préservé sa malheureuse Patrie des massacres et du pillage, dont elle étoit menacée par l' imposant appareil de tant d' armées sur le point de fondre sur elle ? Seroit-ce enfin dans les témoignages de ces scélérats satellites que vous avez corrompus par des récompenses, pour les faire pénétrer dans le Palais du ROI, enlever les écrits qu'ils pourroient découvrir, en rapporter même ceux qui n' y seroient pas et les donner comme ayant été trouvés auprès de sa Personne ? —— Mais, ajoutent-ils, lorsque le dix Août, il fit repousser la multitude par la force des armes, sa conduite violente, cruelle, despotique offensa la *Majesté* du *Peuple Libre* et *Souverain.* O sagesse inouie et bien digne des *Philosophes* de nos jours! O découverte admirable de ces Défenseurs de la *Liberté* de l' homme! Ils nous apprennent enfin la différence d'un Roi, et d' un Tyran. Celui-là donc est un Tyran qui, après avoir épuisé tous les moyens de douceur propres à réprimer la fureur d' un peuple aveugle, n' employe sa garde qu'à l' extrêmité pour le défendre de ses excès; et le vrai Roi, c'est celui-là seul qui présente volontairement sa tête aux glaives d' une populace effrénée !

LOUIS accusé de tels crimes est tiré de sa prison, pour comparoître en jugement ; et ici je demande encore où sont ses accusateurs, où sont ses juges ? Ecoutez, TRES-SAINT PERE, écoutez et connoissez l' incroyable iniquité de ce jugement : Ses juges sont ses accusateurs. Chose

---

étonnante et monstrueuse ! Cet Interrogatoire n'est pas une simple accusation, mais une condamnation sans appel. Vit-on jamais un si honteux désordre, plus d'injustice et d'inhumanité que dans cette forme de Jugement ? L'usage des Nations les plus barbares, les fastes de l'histoire ne présentent aucun exemple d'un accusé conduit devant un Tribunal où il trouve ses juges dans ses accusateurs, et ses bourreaux dans ses juges.

Je ne prétends pas défendre la cause d'une innocence aussi reconnue. Déjà les plus célèbres Orateurs ont rempli ce devoir avec tant d'éloquence, qu'ils auroient confondu pour jamais les calomnies et la haine, si l'éloquence avoit encore quelque pouvoir sur des assassins et des Parricides. L'Europe entière s'est chargée de venger LOUIS par les armes. Le Ciel lui-même s'est déclaré pour lui : déjà dans sa colère, il accable cet infortuné Royaume des plus déplorables calamités, pour lui demander compte du sang de son ROI. Le but que je me propose dans ce discours, est de prouver que ceux qui formèrent le projet de sapper en France la Religion Chrétienne jusques dans ses fondemens, avoient déjà concerté entr'eux et irrévocablement résolu, avant tout examen, la condamnation de ce Prince si religieux, sous le regne duquel ils n'auroient jamais pu venir à bout de consommer un si grand forfait. J'ai voulu démontrer que sa constance inébranlable à défendre les Ministres de cette Religion, étoit son seul et véritable crime, le plus grand sans doute aux yeux des ennemis déclarés de son Culte. Aussi la captivité, l'exil, l'abdication de sa Couronne leur paroissent insuffisans pour l'expier ; ils redoutent un nouvel exemple de fermeté, et la mort seule de LOUIS peut les satisfaire. Mais il faut agir contre toutes les Loix, étouffer tout sentiment d'humanité : Qu'importe ? Plusieurs de ceux qui avoient osé s'assembler pour juger à mort leur Souverain, éprouvent des remords à la vue d'un si énorme attentat. Saisis de frayeur, ils balancent.... et bientôt leurs suffrages sont achetés à prix d'argent, ou arrachés par la terreur et les menaces d'une mort prochaine. Le peuple, malgré sa frénésie, sa soif de répandre le sang, son animosité contre LOUIS, réveillé néammoins par les foibles restes de son antique amour pour ses Maîtres, pouvoit encore être aisément susceptible de quelque sentiment de pitié ; ils prononcent aussitôt un Décret, pour que le ROI ne puisse pas en appeller à son Peuple. La Loi défend de condamner à mort qui que ce soit, quand même il seroit convaincu, si les Voix des Juges qui le condamnent, ne surpassent de plus des deux tiers Celles des Juges qui veulent l'absoudre. Qu'elle ait lieu pour les brigands, cette Loi pleine de justice et d'humanité ; qu'on l'observe en faveur des assassins : Elle est sans vigueur, quand il s'agit de sacrifier à l'impiété le plus Religieux des Monarques; et l'on décide qu'il suffit d'une seule voix au dessus de la moitié des juges.

Un des SOUVERAINS les plus puissans de l'Europe oublie un instant son Rang suprême et suspend sa juste colère, pour n'écouter que la voix du sang et de la nature. Il ne fait pas difficulté pour sauver le ROI son Ami et son Parent, de demander ce qu'il dédaigneroit de solliciter pour Lui-même. Ne pouvant dans une cause de si haute importance, correspondre directement avec ces oppresseurs, il leur fait annoncer le désir qu'il a de leur voir épargner la vie de LOUIS, pour lui ôter l'occasion de venger sa mort, et pour éviter à la France la honte éternelle d'un si affreux Régicide. Ces demandes d'un ROI si grand, si généreux sont rejettées avec dédain : la Vertu qui parle en faveur de la Vertu , n'est digne aux yeux de ces Conjurés que de haine et de mépris .

Mais pourquoi m'arrêter plus longtemps ? Impatiente de juger , la *Convention* s'assemble , on demande les Voix , et en même temps les poignards sont levés sur la tête des juges pour éteindre en eux toute sensibilité , toute justice . On annonce que les Opinions seront mises par écrit et envoyées dans les Provinces , afinque si quelqu'un d'entr'eux vouloit encore être équitable ou même modéré , il trouvât dans son Pays la mort à laquelle il auroit peutêtre échappé dans Paris . Enfin les Suffrages sont portés , la foiblesse en dicte un grand nombre ; la crainte , plusieurs ; l'impiété , la plûpart : on les recueille , on les compte , le Président se lève , il prononce la plus inique des Sentences et consomme , au Nom d'une Nation perverse , le plus énorme des attentats . L'insatiable barbarie de ces monstres est si avide du sang de LOUIS , qu'ils lui refusent même l'intervalle de trois jours entre la Sentence de mort qu'on lui annonce et son supplice ; sans doute parcequ'ils craignoient que ce court délai ne donnât le temps au peuple d'éprouver encore quelque sentiment de commisération en faveur de son Maître .

Passons sous silence tous ces détails si révoltans d'une cruauté sans exemple . Après avoir suivi le plus malheureux des Rois dans les plus douloureuses agitations de sa vie , il est bien juste de l'accompagner en gémissant jusqu'au supplice , et de recevoir avec larmes son dernier soupir . Imitons le tendre et singulier attachement de ce vénérable Vieillard , si digne d'être connu de la postérité . Ce généreux Défenseur qui avoit plaidé sa cause avec tant de zèle , MA-LESHERBE inséparable de son ROI mourant , veut toujours être à ses côtés , pour lui aider à supporter les tourmens de sa fin , le consoler et lui donner cette preuve si touchante d'une éternelle fidélité. Mais il a lui-même plus besoin de consolations que le Monarque. Chargé de lui annoncer la nouvelle déchirante de sa condamnation, ses yeux se remplissent de larmes, la douleur éteint sa voix tremblante. Ses gémissemens, son silence en disent assès à son ROI.... La paix sur le visage et la tranquillité dans le coeur : *Ce n'est rien*, dit LOUIS, *pourquoi vous attendrir ainsi sur mon sort ? La nouvelle que vous venez me donner, ne m'afflige pas ; elle me délivre de toutes mes peines.* Son coeur religieux, formé à la piété dès sa plus tendre jeunesse, étoit préparé à tout, par les épreuves dont le Seigneur se sert d'ordinaire pour épurer l'innocence et la vertu de ses Elus. Aussi renonce-t-il aisément à son Royaume terrestre, et fixe-t-il désormais toutes ses pensées vers ce Règne éternel qui l'attend dans les Cieux. Il obtient la faculté de s'adresser à un Prêtre Catholique et consacre surtout les momens qui lui restent, à pleurer amèrement les fautes de sa vie passée, à s'en accuser avec soin pour en recevoir le pardon dans le Sacrement de Pénitence. Après s'être acquitté de tous ses devoirs de Religion avec autant d'exactitude que de piété, il appelle sa Famille, lui parle pour la dernière fois, l'embrasse et la console.

Quelles furent alors les larmes, l'émotion, la tendresse des Siens ! Au milieu d'une tristesse aussi profonde, LOUIS seul possède son ame en paix. Il n'est occupé qu'à modérer la sensibilité de la plus chérie des EPOUSES, de sa SOEUR navrée de douleur, de ses ENFANS si tendrement aimés. L'excès de l'affliction étouffe leurs voix entrecoupées.... Mais le ROI les regarde avec calme et cherche à les distraire par les paroles les plus consolantes : *Pourquoi,* leur dit-Il, *plaindre ma destinée, puisque mes chagrins doivent finir avec ma vie ? Vivre ainsi dans la situation la plus cruelle, n'est-ce point mourir tous les jours ? ah ! ne désirez donc pas, Je vous conjure , de prolonger le temps de mes souffrances . Portez plutot vos regards où Je dois bientot arriver . Mon règne ici-bas est périssable , malheureux ; Je vais l'échanger contre un Royaume céleste , solide , éternel . J'ignore ce qui vous est réservé , mais rassurez-vous ; supportez avec patience et courage , comme par le passé , tous les maux qui peuvent encore être ajoutés aux tribulations qu'on vous a fait éprouver jusqu'à ce jour . S'il vous est donné , (Je l'espère) de jouir d'un plus heureux sort , ayez sans cesse sous vos yeux mes infortunes , non pour venger ma Mémoire , mais pour méditer sérieusement sur la vicissitude des choses humaines .

Ainsi parloit LOUIS : plus il leur montroit de fermeté , de calme , de constance , plus ces Gages si chers à sa tendresse étoient déchirés de douleur : il fallut enfin se séparer , s'arracher à leurs derniers embrassemens . Ils lui expriment le vif désir qu'ils ont de l'approcher , de le revoir encore une fois . Sans paroître leur refuser cette satisfaction , il ne se la permét pas à lui-même , de peur qu'un dernier adieu ne rendît la séparation plus amère . Il craindroit que son coeur rempli de Dieu , ne fût encore partagé par une émotion trop vive et les sentimens affectueux d'un Epoux et d'un Père . Il passe sans éprouver aucun trouble , le peu d'heures qui lui restent jusqu'au moment fatal . On a de la peine à croire tous les ordres qu'il donne , tout ce qu'il écrit pendant cet intervalle et combien son ame étoit paisible . Enfin après avoir mis ordre à tout , délivré des autres soins , il se recommande à Dieu par les prières les plus ferventes et se nourrit avec autant d'ardeur que de respect du Pain Céleste , afin d'être plus disposé au dernier combat et d'y puiser les forces necessaires pour en soutenir l'approche terrible . Il attend avec confiance et fermeté l'heure de la mort ; on annonce le Char funèbre : *Je suis tout prêt* , dit-il avec tant de sérénité qu'il paroissoit non pas être conduit à la mort , mais s'élancer de sa prison

pour être admis dans les Cieux . Admirable tranquillité au milieu de l'orage ! Il veut avoir pour compagnon de sa route ,
ce digne Prêtre Catholique (*) qui lui avoit administré le Sacrement de Pénitence ; ils récitent ensemble les touchantes
prières , consacrées par l'Eglise à la recommandation de l'ame
Chrétienne dans son dernier passage : il arrive enfin au lieu
du supplice . Un morne silence y régnoit comme dans
une vaste solitude ; tout étoit immobile et muet autour de
Lui . Le ROI s'arrête quelques momens dans le Char , afin
d'être absous pour la dernière fois par ce Prêtre fidèle ; seul
et sans crainte il monte ensuite à l'échaffaud . Sa voix, sans
être altérée , s'adresse à la multitude qui l'entoure ; mais le
Satellite barbare qui préside à cette horrible scène , ordonne le silence et fait redoubler le bruit des instrumens militai-
res pour étouffer la voix de son ROI. Vain effort de ce Mon-
stre ! Elle avoit été prononcée , entendue de tous cette Parole mémorable , presque divine de LOUIS . Près de porter sa
Tête sous le fer homicide , il dit à son Peuple : *Je meurs innocent , et je pardonne à ceux qui me donnent la mort*. Celui qui
n'admire pas cette dernière Parole , est incapable de sentir le
Sublime ; ou semblable à ces impies , il ne croit pas à la beau-
té de la Religion Chrétienne, ni à cet héroïsme auquel il est
si difficile d'atteindre.

O ROI véritablement Grand , plus grand sur l'échaffaud
que sur le Trône ! sur l'un vous plaça la naissance ; Votre cou-

---

(*) M. L'Abbé EDGEWORTH, Ir-
landois , Fils d'un Ministre Protestant ,
Confesseur des deux Séminaires de sa
Nation à Paris. Ce digne Prêtre étoit
avantageusement connu dans la Capitale
par sa piété, sa vie exemplaire et mor-
tifiée , et par sa profonde humilité qui
lui fit refuser le Siège de l'Archevêque
dont le zèle et les lumières l'avoient
converti à la Foi Catholique . Il dit au
ROI montant à l'échaffaud cette belle
parole : FILS DE SAINT-LOUIS !
MONTEZ AU CIEL ; et lorsque les
bourreaux osèrent s'approcher pour lier
les mains du Monarque : SIRE, Lui
dit-il encore , *c'est un nouveau trait de
ressemblance avec Votre Divin Modèle* .

rage vous a soutenu sur l' autre . Là , Vous méritâtes le Titre
glorieux de ROI BIENFAISANT ; ici , Vous remportez l'im-
mortelle Couronne des plus généreux CONFESSEURS de la
FOI (*). Parricides insensés ! Vous avez , il est vrai , donné la mort à ce ROI qui vous étoit odieux , mais il n' est pas
en votre pouvoir de le faire périr en entier . Vous avez pu
précipiter encore au fond d'un sépulchre , son Corps montré au peuple avec mépris , foulé aux pieds et couvert d' outrages ; jusques-là s'étendoit votre puissance . Mais cet Ecrit
précieux dans lequel vous le reconnoissez malgré vous , ce
bon ROI , vous le voyez , vous le possèdez encore : son TE-
STAMENT échappe à vos fureurs . Est-il de plus belle , de
plus ressemblante image de ce Grand Prince , que celle qu'il
a tracée Lui-même de sa main , dans cet ouvrage si répandu
dans l' univers et dont la mémoire se conservera dans tous les
siècles ? Ah! Combien il y doit paroître à vos yeux , indigne
de vous commander ! Et en effet quelle grandeur d' ame ! quel
mépris des choses humaines ! quelle Religion ! quel respect ,
quel zèle , quel amour pour l' EGLISE CATHOLIQUE et
pour la CHAIRE du PREMIER de ses PONTIFES ! Quelle
preuve plus sensible de la pureté de sa FOI , que cette douleur de l' ame dont il assure qu'il est si vivement pénètré pour
avoir souscrit malgré lui à vos Décrets ! Quoi de plus digne
d'un HEROS CHRETIEN que ce pardon généreux envers
tous ceux qui le condamnent à la mort la plus injuste ! Toutes les fois que la Postérité lira ce TESTAMENT pour y admirer les vertus de LOUIS , autant de fois elle se rappellera
sa douceur et votre cruauté ; vos excès et sa modération ; sa

---

(*) LOUIS-SEIZE ROI DE FRANCE, né à Versailles le 23 Aout 1754, Sacré
à Rheims le 11 Juin 1775 , assassiné à Paris par les Factieux le 21 Janvier 1793.

Religieuse Bienfaisance , et votre haine pour les hommes et pour la Religion .

O Vous bien plus malheureux que celui que vous vouliez rendre le plus infortuné des humains ! Si LOUIS a souffert les plus grandes douleurs , la mort la plus cruelle , voyez la récompense de ses douleurs et de sa mort ! Voyez comme il emporte les regrets de tous le gens de bien ! voyez les hommages qui lui sont prodigués , la gloire qui accompagnera Son NOM chez toutes les Nations ! Pour vous , je ne parle pas de la terreur que vous fait éprouver nuit et jour votre scélératesse . Je ne dis rien de l'état de démence auquel plusieurs d'entre vous sont conduits par les remords du crime qui les déchirent comme autant de furies . Je passe sous silence un grand nombre parmi vous déja trahis , mis en fuite , massacrés ; plusieurs encore arrêtés et destinés à des supplices dignes de leurs forfaits . Sur qui pensez-vous que va retomber la vengeance de presque tous les Rois de l'Europe que vous avez osé provoquer par la mort de LOUIS leur Ami , par la déclaration d'une guerre injuste et l'irruption de vos soldats barbares qui fondent en brigands sur leurs Etats ? Chassés honteusement , bannis enfin loin des Provinces que vous avez souillées de tant de massacres , de rapines , de sacrilèges , vous vous êtes retranchés dans vos Citadelles , comme des bêtes féroces dans leur antres sauvages. Mais est-il un lieu qui soit impénètrable aux armes sans nombre dont le bruit retentit de toutes parts? Quel Pays assès caché, peut vous garantir plus longtemps de la peine due à vos crimes ? Et dans quel endroit de la terre pourroit jamais s'établir cette forme absurde de *République* , qu'enfanta dans son délire votre prétendue *Philosophie* , qu'avoit préparée la licence des moeurs, et qu'une haine invétérée contre la Religion vouloit assurer, pour anéantir tout Gouvernement et briser les liens de toute Société ?

O FRANCE, FRANCE autrefois si distinguée par ton amour et ton respect pour tes Rois, teinte aujourd'hui du sang de LOUIS le meilleur et le plus bienfaisant des Monarques ! Où est donc le fruit de tant de barbarie ? Est-ce donc là la *Liberté* que tu prêchois avec tant d'emphase ? Cette belle liberté qui devoit ravir tous les hommes, que toutes les Nations seroient jalouses de conquérir ! Quelle liberté, Grand Dieu ! que l'effronterie du libertinage et le débordement de toutes les passions ; la réunion des scélérats, tyrans et dissolus ; la cruauté dégoûtante de tous les vices, et cette fureur atroce qui endurcit l'ame contre tout sentiment d'humanité ! Vous avez fait disparoître toute différence parmi les Citoyens : plus désormais de serviteur parmi vous, plus de Maître, plus de Noble, plus de rôturier ; tous ont droit aux mêmes honneurs, et tous sont également capables de gouverner. Ainsi donc vous avez enlevé la base de la sûreté, le fondement du repos, le soutien des fortunes ! Vous avez établi une *République* non d'hommes mais de brutes, dans laquelle pour faire cesser toute inégalité, vous introduisez celle qui vient de la force, de la dépravation, et où les plus méchans et les plus forts doivent nécessairement s'arroger le gouvernement et le pouvoir. Malheureuse FRANCE !... Hélas ! après t'avoir couverte du sang de tes Citoyens, vois comme ils t'ont entraînée dans des divisions intestines et les guerres les plus meurtrières ! Cette immense quantité d'or et d'argent amassée en dépouillant les Temples, de leurs ornemens ; les Eglises, de leurs revenus ; la Noblesse, de ses richesses, ils l'ont dissipée pour satisfaire leurs passions et pour exciter des troubles chès tous les peuples. Enfin au lieu de

cette abondance de toutes choses qu' ils t' avoient pro-
mise pour mieux te séduire, ils ont ruiné ton Empire par
la disette et la cherté des subsistances ; et il ne te reste
plus pour toute monnoye, que des *Assignats* sans valeur.

Me voilà parvenu, TRES-SAINT PERE, à la fin de
l'Eloge Funèbre de LOUIS - SEIZE. J'ai la confiance que
Vous daignerez accueillir mes efforts : Puisse Votre douleur
trouver quelque soulagement dans tout ce que j'ai dit de la
bienfaisance de ce Monarque envers sa Nation, de sa douceur, de sa constance à supporter tant de revers, d' outrages, de cruautés, et surtout de la fin glorieuse qu' il a subi
pour la Religion ! J' espère aussi que Vous pardonnerez à l'indignation qu' inspirent les abominables auteurs de tant de déplorables excès, ce que je me suis permis contre la barbarie
des assassins de LOUIS, et le projet impie d' anéantir en
France le Royaume et sa Foi.

Il me reste à rendre hommage à tous les grands Poten-
tats de l'Europe animés du même zéle contre ces scélérats.
Si les Souverains ont levé les plus puissantes armées, équipé
les Flottes les plus formidables, ce n' est pas pour faire porter au peuple la peine d' avoir assassiné son ROI et si cruellement persécuté sa Famille. L' élèvation de leur ame, l' e-
xemple du plus humain des Princes les invitent à pardonner.
Tous leurs desseins ne tendent qu'à délivrer de la plus dure
captivité et des mains homicides de ces barbares, l' Auguste HERITIER du TRONE sur qui repose l' espoir de toute
la Nation, sa digne MERE, sa respectable TANTE, sa
généreuse SOEUR. La France a depuis longtemps besoin
de contempler leurs vertus éminentes, pour effacer à jamais
les impressions du vice ; et le dernier voeu de tant de ROIS
est de rendre enfin la paix aux bons ; au Royaume, son an-

cien régime ; aux François , la Religion de leurs Pères.

De quels éloges ne sont pas dignes encore ces FRERES magnanimes de LOUIS , qui par leurs conseils et leurs exhortations ont déterminé l' Europe entière à se réunir pour détruire ces monstres . Après avoir anéanti les Chefs de cette affreuse Conjuration , ils n' ont d' autre projet que de soumettre ce qui reste en France de Citoyens , à l' Empire et à la Puissance du SUCCESSEUR de son infortuné PERE , non par la terreur et la vengeance , mais par cette bonté dont le ROI leur Auguste FRERE leur a donné l' exemple .

Et Vous surtout , TRES-SAINT PERE . qu' une éternelle Providence avoit réservé à son EGLISE , pendant cette étrange Révolution dans le Royaume naguère TRES-CHRETIEN , quel tribut de louanges ne Vous est point dû , pour avoir maintenu dans son intégrité la Discipline de l' Eglise qu' ils vouloient altérer , et ranimé la Foi qu' ils cherchoient à éteindre ! Vous avez raffermi les bons dans les vrais principes , et tendu Votre main Paternelle à ces foibles Chrétiens qui venoient de tomber dans le plus fatal des Schismes . Vous les avez environnés d' avis salutaires , éclairés d' instructions lumineuses , soutenus par des Ministres fidèles . Vous avez rejetté loin de Vous , les demandes hypocrites des ennemis de Votre Eglise ; Vous avez opposé à leurs menaces audacieuses un Coeur inébranlable , une Ame invincible . C' est aux prières Publiques ordonnées par VOTRE SAINTETE' ; c' est surtout à ces Oraisons ferventes dans lesquelles chaque jour Vous recommandez si instamment à Dieu l' EGLISE UNIVERSELLE dont il Vous a établi le Chef auguste : C' est à tous ces moyens inspirés par la vivacité de Votre Foi , que les Contrées les plus florissantes de l' Europe sont redevables d' avoir été préservées du poi-

son dangereux dont ces impies vouloient infecter l'Univers
Chrétien. C'est par Vos supplications devant le Seigneur,
que se dissipèrent les Flottes formidables qui menaçoient
d'envahir l'Italie; chassées par la plus effroyable tempête des
côtes de Vos Etats, battues et brisées par la violence des
vents, elles se virent forcées de rentrer dans leurs ports. C'est
á l'exemple de Votre courage, que les autres Nations et les
Villes les plus célèbres ont enfin expulsé de leur sein ces va-
gabonds et ces brigands, qui après avoir désolé leur propre Patrie, ne seroient pas même en état de la défendre
contre les armes redoutables de tant de Rois.

Vous avez, il est vrai, TRÈS-SAINT PERE, perdu
un grand nombre de Pontifes et de Prêtres remplis de cura-
ge, qui ont arrosé de leur sang innocent la France coupable : Mais ce qui doit consoler VOTRE SAINTETE',
c'est qu'ils ont livré généusement leur vie pour défendre la RELIGION de JESUS - CHRIST. Puissent tous
ceux que Votre affection Paternelle accueille dans leur
exil, ou que Votre tendresse a pris soin de recomman-
der à d'autres avec tant d'intérêt, être bientôt réintè-
grés dans leurs fonctions ! Puissent - ils, rendus à leurs
familles, édifier la Patrie par de nouveaux exemples de
vertu ! Vous avez perdu le ROI TRES - CHRETIEN à qui
Vous étiez uni par les liens de la plus étroite amitié ;
mais si Vous pleurez amèrement sa perte, et lui rendez
en gémissant les honneurs distingués d'une Pompe Funèbre, le motif d'une mort aussi glorieuse doit tempê-
rer Votre douleur, puisque la Bienfaisance et la Religion,
Vertus les plus dignes d'un Prince Chrétien, l'ont conduit à une fin aussi désastreuse. LOUIS, nous l'espè-
rons avec confiance, a déjà reçu sa pleine récompense

devant Dieu ; et peut-on douter qu'un Roi qui fut assès
Bienfaisant pour intercèder en mourant, en faveur des auteurs de sa mort ; assès Religieux pour sacrifier à la Religion son règne et sa vie, ne trouve dans le Seigneur la
même clémence ; et n'obtienne bientôt pour la FRANCE ,
le rétablissement de la Religion ?

Qu'on n'impute pas à la *Nation Françoise* le Crime qui va se commettre:
JE meurs innocent, et JE pardonne à Ceux qui Me donnent la mort.
Dernières paroles de LOUIS XVI.

IMPRIMATUR,

Si videbitur Rᵐᵒ Patri Sacri Palatii Apostolici Magistro.

Fr. Xaverius Passari Archiep. Larissens. Vicesger.

IMPRIMATUR.

Fr. Thomas - Vincentius Pani Ordinis Praedicatorum Sacr. Palatii Apostol. Magister.

Le même se vend *in - Octavo*, chez MM. Bouchard et Gravier Libraires, Rue du Cours, en face du Palais de S. E. Mgr. le Cardinal de BERNIS ; et chez les principaux Libraires de Rome et de l' Etat Ecclésiastique.

ERRATA.

Le lecteur est prié de faire les corrections suivantes avant la lecture de cet ouvrage. — P. 2. Déd. à Pie VI, piti é lisez *pitié*. — p. 4. accorde aux Princes, un Titre de gloire, ôtez la *virgule* aprez Princes. — p. 6. de la Servitude, ajoutez *et de la Corvée*. — p. 13. aprez ces mots : de détruire la Religion ! ajoutez cette phrase omise : *Voyez cette quantité innombrable de livres pervers sortir de leurs presses criminelles pour corrompre les mœurs ! Voyez &c.* — p. 14. la Religion qui seule peut les réprimer, lisez *contenir*. — p. 15. et fait tomber sa Tête auguste, lisez *et faire tomber* &c. — p. 19. leur abominables complots, lisez *leurs*. — ibid. premiers Ordes, lisez *Ordres* — Etas, lisez *Etats*. — p. 20. à la folie, aux clameurs ; lisez *à l' impudence, à la folie &c.* — p. 23. ce jour fût, ôtez l'accent. — p. 33. retoit à prendre, lisez *restoit*. — p. 34. propes outrageans, lisez *propos*. — p. 49. géneusement, lisez *généreusement*.